極みのローカルグルメ旅

柏井壽

光文社新書

はじめに　取り寄せられない味

〈お取り寄せ〉という言葉を僕は好まない。

いつからこの言葉が市民権を得たのだろうか。少なくとも十年前頃までは、さほど一般的な言葉ではなかったと思う。

家にいながらにして、日本は元より世界中から旨いものを取り寄せる。インターネットの普及がひと役買ったことは疑う余地もないだろうが、それにしても、急激な隆盛である。

かつて名物というものは、その地に足を運ばねば口にすることが叶《かな》わなかった。日本各地に点在する旨いものを食べようとすれば、旅をするしかなかったのである。ゆえに〈食べ歩き〉という言葉が生まれた。

食べるために歩くのか、歩く度に食べるのか、いずれにせよ、食べると歩くが一体化していた。

趣味は〈食べ歩き〉などと言えば、なんとも優雅な身分だと思われた時代があった。その極めつきはバブルの時代に遡《さかのぼ》る。

「昼飯に旨いソーキそばが急に食べたくなってね、沖縄まで飛んだよ。トンボ返りして、今度は夜に味噌ラーメンが食べたくなって、札幌まで行ってきた。さすがに一泊したけどね」

などという輩《やから》が現れたのだ。

ときに「バカじゃないか」と思い、しかしあるときには羨《うらや》ましくもあり、それでも〈食〉に対する貪欲《どんよく》さに共感を覚えたことは、まごうことなき事実である。

一方で、正直に白状してしまえば、僕もお取り寄せする機会は少なくない。やってみればこれほど楽なことはない。ネットで検索して、ウェブサイトから注文すれば、早いときは翌日にも届いてしまう。一定金額以上なら送料も不要なので、現地に赴《おもむ》く時間だけでなく、交通費までもが節約できてしまう。だが取り寄せられるのは当然のことながら〈食〉そのものだけであって、店の空気や周りの雰囲気などは運ばれてこない。となると、味わいが違ってくるのである。

色濃くそれを感じたのはジンギスカン。

僕はこのジンギスカンという料理が大好きで、時折り無性に食べたくなるのだが、京都で食べられる店と言えばごくわずかだ。加えて味つけも本場とはかなり異なる。カウンターにコンロを嵌《は》め込んだ、独特のスタイルの店、札幌の『だるま』で食べるマトンも悪くはないが、一番好きなのはベタな『松尾ジンギスカン』、通称『まつじん』【地図外❶】。新千歳空港でのわずかな待ち時間にも必ず立ち寄って二人前は食べてしまうほどだ。

夏になれば思い出す、とばかり、祇園囃子《ぎおんばやし》が聞こえ始めた頃に、ウェブサイトから注文してみた。

店で食べたのと同じメニューがあって、〈特上ラム〉と〈ラムリブロース〉を注文した。簡易式ではあるがジンギスカン鍋も一緒にオーダー。商品そのものは安価だが、送料がけっこう高くつく。北海道から直送されるのだから仕方がないことではあるが。

もやし、ピーマン、キャベツ、玉ねぎと、店と同じような野菜を準備して届くのを待つ。タレに漬け込んだラムは見た目には、店で食べるのと変わりはない。カセットコンロにアルミ製の簡易鍋をセットして、いざ。

これこれ、この味。ひと口食べて感涙《かんるい》にむせんだ。とは大袈裟《おおげさ》だが、感動したのは事実だ。このジンギスカンというのは、いくらでも食べられそうな気がする。還暦を目前に控え、牛の焼肉で五百グラムなどは到底無理だが、ジンギスカンならいつの間にか食べている。加えてもやしの一袋なども一緒に食べてしまっている。リンゴをベースにしたタレに秘密があるのだろうと思う。

お腹《なか》もいっぱいになって、しかしどこか物足りない。札幌で食べた味と、満足感がいくらか違うのだ。

たとえ空港内の店であっても、北海道の大自然に触れ、その乾いた空気を身にまとったまま食べるのと、湿った京都の風に吹かれながら食べるのとでは味わいが異なる。そんな当たり前のことに改めて気づかされた。風土とはよく言ったもので、気候風土と味には密接な結びつきがある。足元の土、空を舞う風。それを肌で感じながら、人間は味わいを感じ取っているのだ。

『まつじん』を取り寄せて、およそ三か月後にチャンスが巡ってきた。北海道取材の依頼だ。迷うことなく引き受けたのは言うまでもない。三日間の取材を終えて帰途、フライトの三時間も前に空港へ着いた。

売店の奥へ一目散。いつものメニューをオーダー。やっぱり違う。どう違うか。ビールじゃないが、キレがある。タレの味も肉の味もほとんど同じだが、それが合わさって舌の上を滑《すべ》るスピード感が違う。いつものように〆のうどんを入れた後、またラム肉が食べたくなる。

そんな後を引く旨さはやはり現地ならではのもの。
播磨《はりま》の俳人瓢水《ひょうすい》はこう詠んだ。
「手に取るな　やはり野に置け蓮華草《れんげそう》」
僕も倣《なら》って拙《つたな》い句を詠んでみた。

『まつじん』本場で食べるジンギスカン！

「送らすな　やはり地で食えローカルグルメ」

そこに行かないと味わえない食。その地で食べてこそ美味《おい》しさが輝くもの。旅に彩りを添えてくれる味わい。B級だけではなく、日本中を旅して見つけ、出会った旨いものを「ローカルグルメ」と呼ぶことにし、それらの店を、その見つけ方とともに紹介していく。

それを目的として旅に出るのもいい。旅の途上でふと目について食べるのもいい。その地の空気と一緒に食べる。それがローカルグルメの醍醐味《だいごみ》である。

もうひとつ。B級グルメという呼称も好まない。食にA級もB級もないわけで、いくら記号としてのBであったとしても、使いたい言葉ではない。

とまれ、最初にお断りしておきたいのは、本書はいわゆる〈食通〉の方に向けたものではないということ。と言って〈B級マニア〉の方向けでもない。

日本には、まだまだ知られざる〈食〉があることに、心を動かされる方にこそお読みいただきたいと願っている。〈食〉をランクづけしたり、星の数で評価しようとなさる向きにはお役に立てないだろうことを、あらかじめお断りしておく。

最初にご紹介するのは、未知なる経験。現地に赴いて、生まれて初めて味わう感動。は、いささか大袈裟か。

どちらかと言えば、不思議発見。世の中にこんな食べ物が、こんな店があったのか、と心を動かされた、その経過をご紹介。

目次

第1章　美味しい〈食〉の見つけ方

最初の章でご紹介するのは、僕の「美味しい店の見つけ方」だ。

本書では、旅と食は一体である。人との出会いによって、あるいはひとり街歩きをしながら、あるときはインターネットもうまく使って、その土地の行きつけの店が見つかっていく。

おもしろいのは、ひとつの店との出会いが、また違った店との出会いをもたらすことが多いことだ。好奇心を持って求めれば、次から次へ、知られざるローカルグルメにめぐりあう。

長崎、松本、山口、金沢、小樽。日本全国、津々浦々の、不思議な（?）食との出会いをひもといていく。

1. これぞローカルグルメ——長崎の朱いカレー

長崎の旅情

長崎。好きな土地である。異国情緒だとか、夜景が綺麗、龍馬ゆかりの地、など、長崎を言い表すに適当な言葉は少なくない。だがそんなイメージとは関係なく、この街の有り様が好きで、何度もここを訪れている。

長崎を訪ねるとき、僕は飛行機を使わない。必ず博多を経由して特急『かもめ』に乗っていく。博多からおよそ二時間の汽車旅。辿《たど》り着いたのは終着駅。この流れがたまらない。

終着駅がいい。ここより先に線路がない。列車はゆっくりとホームに滑り込み、行き止まりの車止めまで進む。終着駅だから乗客全員が降りる。皆同じ方向を向いて歩き、改札口に向かう。これがいい。何とも言えない哀愁《あいしゅう》が漂《ただよ》う。

ジェニファー・ジョーンズがディオールの衣装を着て、列車から降り立つローマのテルミニ駅のような佇《たたず》まいが美しい。

通過型の駅だとこうはいかない。

東海道新幹線の上りは東京が終点になるのだが、車止めがないせいか、終着駅の雰囲気がない。ホーム上の雑踏は右往左往している。

他に類を見ない美しい駅、長崎に降り立って、さて何を食べようか。

市役所の地下食堂で味わう新名物

あれにも、これにも目移りしてしまう。最初は長崎名物〈トルコライス〉だった。皿うどん、ちゃんぽんと続いてきたが、さて。

二〇一〇年、大河ドラマで〈龍馬伝〉が取り上げられると聞いたときから、僕は高知や長崎に何度も足を向けた。大河ドラマの影響力というのは絶大なものがあって、ゆかりの地は、にわかに活気づくのである。どんなに、どんよりと淀《よど》んでいた土地であっても、寝たきりだった老人が、いきなり全速力で走り出すような、それほどのパワーを生み出す。と、当然ながら食にも力が入る。ドラマの主人公にちなんだメニューが開発され、新たな食が生まれる。それを狙《ねら》おうという目論見《もくろみ》である。

龍馬ブームに先駆けて長崎を訪れ、〈龍馬カレー〉なるものがあると聞いて、食べてみない道理はない。市内何ヵ所かのレストランにそのメニューがあると聞く。さて、どこで食べるべきか。

〈龍馬カレー〉。そのネーミングからして、大河ドラマブームに便乗した、こじつけメニューと思われそうだが、存外これは歴史的な背景を持っている。

坂本龍馬とカレー。龍馬らが結成したカンパニー『亀山社中《かめやましやちゆう》』にそのルーツがある。風頭《かざがしら》公園に至る坂の途中にあるこの『亀山社中』。何度か僕も訪ねたが、そのすぐそばに、日本初の洋食店『良林亭《りようりんてい》』の跡地がある。両者はほぼ時を同じくしているから、新し物好きの龍馬ならきっとこの店に通い詰めたに違いない。

時代は流れ、〈現代の名工〉にも選ばれているシェフが時代考証を重ね、編み出したのがこの〈龍馬カレー〉。ならばそのシェフの店を訪ねねばなるまい。そのレストランはどこにあるかと言えば、これが意外な場所なのである。

長崎市役所の地下一階にあるレストラン『ル・シェフ』【地図b⑰】がそれだ。正しいメニュー名は〈龍馬伝説カレー〉。レストランとはいえ、市役所の食堂だから食券システム。ガラスケースの中にサンプルが並び、どれも旨そうだ。

公共施設ならではの価格、〈龍馬伝説カレー〉

本来はセルフ方式だが、十一時の開店とほぼ同時に入ったせいか、トレーごと席まで運んできてくれた。

市役所の食堂とはとても思えないビジュアル。

こんもりとドーム形に盛られているのはサフランライス。ステーキがふた切れ、そこに寄りかかっている。ベーコン、人参のグラッセ、ジャガイモ、インゲンが加わり、ソースがかかっている。さらには茹《ゆ》で玉子が半個、ライスのてっぺんに載っている。

これだけで充分なのに、例のアラジンのランプのような銀のポットにたっぷりのカレーソースが別に添えられている。

僕は最初、カレーをかけずにふた口ほど食べ、その後にたっぷりカレーをかけて、最後はビビンバのように、ぐちゃぐちゃと混ぜて食べた。ひつまぶしと同じく三度美味しい。

幕末に舶来品が渡来してきた頃を再現しようとしてか、コーヒー、ビール、チーズが隠し味になっていると記されていた。しっかりした歯ごたえの薄切りステーキと、香ばしいカレーがよく合う。若い人には幾分《いくぶん》物足りないボリュームかもしれないが、僕には適量であった。

さてこれがいくらかと言えば、なんと五百円なのである。あり得ない価格設定は、公共施設ゆえのこと。これを利用しない手はない。十一時半も過ぎれば、次々と客がやってくる。エビのフリットとハンバーグ、ハム、カツが盛り合わされた〈洋食ランチ〉や〈トルコライス〉もある。帰り際サンプルケースを見れば、どれもがワンコイン以下。龍馬が生きた時代に思いを馳《は》せながら、長崎歩きのランチタイムにはぜひともおすすめしたい。

『銀屋町　まさる』

地方都市の夜。僕はたいてい鮨《すし》屋の暖簾《のれん》を潜《くぐ》る。海辺であっても山の中であっても、評判の鮨屋があろうがなかろうが、だ。

理由はおもにふたつ。ひとつに鮨が好きだから。ふたつに、ひとり旅には鮨屋が向いているから。

僕には地方の江戸前鮨は存外たやすく見つけられる。好きこそものの上手なれ。その典型なのかもしれない。日本中どんな街へ行っても、必ず江戸前鮨の店を見つけ出し、夜はその店のカウンターに座っている。

長崎では『銀屋町《ぎんやまち》　まさる』【地図ｂ78】という店を見つけた。昼に歩き回っていて、ふと気になり、夕方ホテルに戻ってネットで調べた。これがいつものパターンである。

ネット情報を有効活用するが、最初からは頼らない。まずは視覚と嗅覚、第六感を働かせて店を見つけ出す。調べるのはその後からだ。

近頃何かと話題のネット上の〈口コミサイト〉。ラーメンやカレーなら使えるが、鮨屋の評判を探ろうとして、ほとんど役に立たないことを知った。鮨好きはこの手のサイトを好んで利用することはないからだろうし、鮨屋というものは、誰でもが気軽に行って評価できるようなものではないからである。僕が見つけた『銀屋町　まさる』は口コミがゼロ。かろうじてブログでの書き込みが三件記載されていただけ。それも対象はランチのみ。

検索して、大将のブログを見つけた。これを読むとどうやらかなりの酒好き、しかもワインも結構飲んでいるようだ。となれば話は早い。昼営業を終え、夜の仕込みをしているだろう時間を見計らって店に電話をしてみた。

「僕が好きやから置いてはいますけど、大したワインじゃなかとですよ」

店にワインを置いているかどうか、訊《たず》ねての答えがこれだ。うんちくを語るワイン通を避けているようで、これも僕には好ましい。ここからは押しの一手。夜の予約と同時に、安いスパークリングワインを用意してほしいと頼み込んだ。

――初めて来るのに強引な客やなあ――

電話の向こうの苦笑いが見えるようだった。

地方に限らず、鮨屋の主人はおおむね腕力が強い。挑《いど》まれればいつでも戦ってやろうという意気込みにあふれている。多くが初見《しょけん》の鮨屋を苦手とするのは、こんなところにも起因している。だからこそ僕は、初めての鮨屋を訪ねるとき、かならずファイティングポーズを取ってみせるのだ。まぁ、散歩中の犬同士が吠《ほ》えているのと大差はないのだが。

顛末《てんまつ》を含めて、この店のあれこれをくわしく描きたい気持ちもあるが、江戸前鮨というものは〈ローカルグルメ〉という言葉に馴染《なじ》まないように思えるので、場を改めることにする。

僕はこの鮨屋で、驚きのローカルグルメを知ったのだった。

謎の食べ物の噂「朱いカレー」？

鮨屋だから、話題は自然と鮨のことになる。京都から来ていると素性《すじょう》を明かしているので、いつしか蒸し寿司の話になった。

「寿司ば温《ぬく》めて食う？　気持ち悪い！　博多の友達にそう言われたとですよ。うちらは当たり前みたいにして食ってましたから、むかついたわ」

まだ若い大将が人懐っこい笑顔を向ける。電話の応対よりもうんと若々しく軽やかな話しぶりだ。

「長崎には『吉宗《よっそう》』っていう名店がありますし、名物は茶碗蒸しと蒸し寿司ですもんね。京都も蒸し寿司は普通に食べますよ。冬になると無性に食べたくなる」

蒸し寿司談義がしばらく続いた後、大将がぽつりとつぶやいた。

「子どものときから、当たり前やと思うて食うてるもんが、よそにはないいうのも不思議な話やけん。朱《あか》いカレーなんかもそやね」

洗い終えた器を拭いている母親らしき女性に大将が話を振った。

「朱いカレー？」

僕はこの言葉に鋭く反応し、こめかみが二度、三度ひくついた。

「知らんとでしょ？」

女性が僕に笑みを向けた。

数え切れないほど長崎には足を運んでいるが、朱いカレーは初めて聞く話だった。

聞けば、むろん長崎のカレーがすべて朱いわけではなく、朱いカレーを名物にする店が一軒あり、長崎県民はたいてい一度は食べているというのだ。

僕が地方の鮨屋を好んで訪ねるのにはこういうわけがある。鮨屋には客も含めて旨いもの好きが集い、食の話題が飛び交うことが多い。ときにはこうして、地元ならではの貴重な話を耳にすることができる。

美味しい店に出会うには、鮨屋から。おすすめしたい旅の技である。

本当に朱色だった「朱いカレー」

翌日予定していた〈皿うどん〉ランチは当然のことながらキャンセル。教わった店を訪ねた。

なんのことはない。街歩きをしていて、その店の前は何度も通り過ぎていたのだ。長崎切っての繁華街。ベルナード観光通りと名づけられたアーケード街の中に店はあった。ドア一枚分の入口。

『夕月』【地図b㊼】。カレーショップにしては風雅な名前だ。入口は一階だが店は二階。階段を上がる。

鮨屋の女将が子どもの頃にはすでにあったというから、どんなにレトロな店かと思いきや、意外にも今風のカフェっぽい造り。移転、改築などを繰り返してきたのだろうと、勝手な想像をした。

はたしてこの店で名物カレーを食べられるのか。いくらか戸惑いながらもオーダーはきっぱり。

〈チキンカツカレー〉。鮨屋の大将のおすすめにしたがう。

旨いもの好きはきっとツボを心得ている。味を含めて、大将はくわしく話さなかった。ヘンな先入観を持たないほうがいいからだろう。

期待に胸を膨《ふく》らませる、というのは、こういうときのために用意された言葉だ。ややあって、運ばれてきたのはまさに朱いカレー。

と、ここまで読んできて、カレー通の予測はおおむねふたつに分かれるに違いない。ひとつは〈ゲーン・ペッ〉。つまりはタイ風のレッドカレー。もうひとつはトマトを使ったカレー。僕もきっとそうだと思った。どちらかしかない。

ココナツの香りか、トマトの酸味か。はたしてどちらか。

食べてびっくり。ひと口食べての感想。なんじゃ、こりゃ。

失望しているのでもなければ、怒っているのでもない。ただただ驚いているのだ。

六十年近く生きてきて、いろんなものを食べてきた。たいていのものは食べる前に、見ただけでその味の予測がつくし、ましてや口にすれば、そこそこの分析はできる。仙台の鮨屋で出された茶わん蒸しに、アンチョビペーストが隠し味に使われていることを見抜き、主人に驚愕《きょうがく》されたほどの、鋭い味覚を持ち合わせている（と、この自慢話は百回以上してきた）。

なのに、このカレーは皆目《かいもく》見当がつかない。なぜ朱いのだろうか。カレーでありながらカレーっぽくない。辛《から》みも少ない。とにかく、これまで食べたことのない味であることだけは分かった。

世の中には不思議な食べ物があるものだ。どう表現すれば相手に伝わるか、その言葉を見つけられないまま食べ終えてしまった。

ほとんど酸味を感じなかったから、主役がトマトでないことだけはたしかだ。ココナツ味がなかったからレッドカレーでないことも間違いない。ではなぜ朱いのか。朱いというよりオレンジに近い色はどんな食材を使っているからか。

完ぺきにお手上げだ。訊《き》くのも悔《くや》しい。が、食べ終えてレジで創業年だけは訊ねた。昭和九年だと、さらりと答えたのは店の主人だろうか。

鮮やかな朱色！『夕月』の〈チキンカツカレー〉

ホテルへと戻る道すがら、あれこれ考えてみた。昭和初期ならさほど新奇《しんき》な食材は使ってないはずと推理した。おそらくはニンジンだ！　そう確信したものの、後口にニンジンの香りは戻ってこない。ならば……。

反芻《はんすう》してみて、もっとも近いのはパプリカの味。だが昭和の初期にはたしてパプリカが日本にあったのだろうか。そう考えるとやっぱりニンジンのように思える。ふうわりとスパイスの複雑な香りが胃の奥から蘇《よみがえ》ってくる。存外スパイシーだったのだ。まったく初めての味なのに、どこか懐かしい味でもある。なぜだろう。なぞは深まるばかり。

ローカルグルメの愉しみはここにある。

答えは出なくてもいい。時代背景、その地が辿ってきた歴史、風土、気候、さまざまを考え合わせ、味わいをたしかめながら思いを巡らせる時間がローカルグルメを輝かせる。

ふと店の名がカレーと重なった。そうか。『夕月』か。夕日ではなく夕月。燃えるような赤ではなく、朱色を帯びていたのは夕方の月を表していたのか。

夕月。秋の季語である。秋も深まった頃、稲佐山《いなさやま》から夕日を眺め、『夕月』で朱いカレーを食べる。そんな旅もよさそうだ。

――夕月夜　暁闇《あかときやみ》のおほほしく　見し人故に恋ひ渡るかも――

いやはや、おそるべしローカルグルメ。ただのカレーを、まるで万葉の歌詠みのように表してしまう。日本人の感性はここに極まれり。

世の中にはまだまだ、不思議な食べ物があるものだ。大満足の長崎滞在であった。

☆泊まるならここ

『リッチモンドホテル　長崎思案橋』【地図b】

思案橋《しあんばし》という立地もさることながら、このホテルの最大の魅力は朝食。〈じげもん〉と呼ばれる長崎の地元料理がふんだんに食べられる。ビジネスホテルの朝食と言えば、ただ空腹を満たすためだけの、ありきたりなものが多いが、このホテルの朝食は本当に心が籠《こも》っていた。三泊して三回とも朝一番にレストランに入り、朝から舌鼓を何度も打った。

2. 信州松本の〈山賊焼〉と山口『山賊』の〈山賊焼〉

松本に名居酒屋あり

信州松本は、陳腐な表現を承知で言えば、僕にとって第二の故郷だ。大学受験を控えたときに、生まれて初めてひとり旅をしたのが、この松本。それゆえ松本には特別な感慨を持っている。

だがそんな個人的な感傷を抜きにしても、松本にはどこかひとを魅《ひ》きつける、不思議な空気がある。その理由として考えられるのが、松本は山の玄関口だということ。

今はそれほどでもないが、僕が初めてのひとり旅をした高校生の頃など、松本の駅頭には大きなリュックサックを背負った山男が溢《あふ》れていた。

山登りというのは、ひとつ間違えば命にかかわる。それゆえ海のレジャーのような軽さがなく、ある種の緊張感が漂うものだ。そこから凛《りん》とした空気が流れていたのだろう。

時代は変わり、今では山男にとって代わって山ガールが跋扈《ばっこ》しているが、それでも松本の街独特のきりりとした風情は健在だ。そして何より、松本には旨いものが溢れている。

蕎麦は言うに及ばず、洋食、鰻《うなぎ》、ラーメン、居酒屋。名にし負う名店が軒を連ねているのが松本という街。なので松本を訪ねると何を食べるべきか大いに迷う。あれも食べたい、この店にも行きたいときりがない。が、胃袋には限りがあり、それも歳《とし》を経るごとに、限定度が増すばかり。丼とうどん、焼飯とラーメンを軽く平らげた頃を懐かしく思い出す。

また、信州松本には『しづか』【地図J㉒】という鄙《ひな》にも稀《まれ》な名居酒屋がある。これぞ居酒屋の鑑《かがみ》とも呼ぶべきこの店のことは既著で紹介済みなので、くわしくはそちらをお読みいただきたい。

もしも『しづか』が家の近所にあれば、きっと夜な夜な通い詰めるに違いない、そんな店があるおかげで、松本に行って店探しに難渋《なんじゅう》したことがない。

と、それを承知で、松本在住の知人がぜひとも案内したい店があると、あるときおっしゃった。正確に言えば、店というより、その店の名物を一度味わってほしいという話だ。こういう話を断る道理はない。一も二もなく案内を乞《こ》うた。それが僕と松本名物〈山賊焼〉との出会いである。

松本の新名物〈山賊焼〉と出会う

店の名は食事処『萬来《ばんらい》』【地図Ｊ㉓】。風情ある居酒屋だ。駅からも近く、午後三時にもなれば店を開けるので、使い勝手のいい店。案内人のＴＢさんはそう言って胸を張る。

『しづか』によく似た有り様だ。観光客より山男たち。さらには地元の常連客が店の席の大半を占める。

〈山賊焼〉。それにしても平凡なネーミング。僕の最初の印象だ。もう少し工夫はなかったのか。鶏の骨つき肉に山賊の親分がかじりついている様など、誰もが容易に想像できるではないか。さほどの期待も持たず、地元の銘酒『岩波』のぬる燗《かん》を飲みつつ、待つことしばし。民芸調のテーブルに置かれたそれは、想像とはかなり違っていた。

想っていたのと様相が異なると、気弱な僕は少しばかりうろたえる。〈山賊焼〉とあるのに、どう見ても揚げてあるようなのだ。コロモがついている。迫力は満点だが、骨つきのモモ焼きとは明らかに違う。

つぶさにその姿を見ようと顔を近づけると、件《くだん》の案内人であるＴＢさんが「どうだ！」と言わんばかりに両腕を組んで僕の様子を窺《うかが》っている。眼鏡の奥の瞳がキラッと輝く。

ここで負けるわけにはいかない（どうすれば勝ち負けが決まるのか分からないのではあるが）。まずは箸先でちょんちょんと突き、揚げてあることをたしかめてから、おもむろに、がぶりと齧《かじ》りついた。

敵のＴＢさんはじっと僕の様子を見ている（いつから敵になったのか。自分でも説明できない）。

カリッとしたコロモが舌にコロコロと当たり、肉を噛《か》みしめると、じゅわーっと肉汁が溢れる。漬け込んであっただろうタレの味が絶妙だ。いわゆる竜田揚げのようでいて、しかしその味はかなりワイルドである。山賊の名はこのガテン系の味から来てるのか、と納得した。

悔しいが僕の負けだ（なぜ負けなのか分からないが）。敵は勝ち誇ったように胸を張った（ような気がした）。

「お気に召しましたか」

ＴＢさんの口から出てきた言葉は意外にも謙虚《けんきょ》なものだった。ＴＢさんの声はちょっとシブい。ＮＨＫラジオの深夜番組から聴こえてきそうな、穏やかな語り口だ。

「いやはや。これはしかし」

僕は夢中で食べている。

「今、松本ではこの〈山賊焼〉を名物にしようと町をあげて頑張ってます」

ＴＢさんが僕の目を見る。

「それはいいことですナ。この鶏の旨さは、なんともはや」

揚げ物というのは、時間を追うごとに味わいが落ちていく。敵の話など聞いているひまはない。適当に相槌《あいづち》を打ちながら、巨大な唐揚げをあっという間に食べ尽くしてしまった。

山賊「焼」の謎

不思議なのはそのネーミングだ。なぜ〈山賊揚げ〉じゃなくて〈山賊焼〉なのか。案内人いわく、焼きのほうがゴロがいいからだとか。揚げは上げに通じ、お手上げとかの上げに聞こえて、弱っちい感じがあるからだとも。きっぱりと〈山賊焼〉。

で、なぜ山賊かと言えば、山賊は山中で通りかかった相手から物を取り上げる。取り上げ、る。鶏揚げる。なのだそうだ。

「ま、信州のことですから」

ＴＢさんがはにかんだ。

揚げているのに焼きという。それには僕は思い当たることがある。祖母がもっとも得意としていた料理で、今も我が家の名物料理になっている〈もみじ焼き〉がそれだ。

牛のもも肉を薄切りにし、酒、醤油、味醂《みりん》、おろしショウガ、赤ワインを合わせた漬け汁に漬け込む。さほど長い時間ではない。これに片栗粉をまぶしてサラダ油で揚げる。

これを我が家では〈もみじ焼き〉と呼ぶのである。

幼いながらも疑問を持った僕は、祖母に訊ねたことがある。なぜ揚げているのに、焼きという名前なのか。

祖母が答えていわく、これより昔は焼いていたからだ、と。

ふんだんに油を使えるようになったのは、つい最近のことなんだよと祖母が教えてくれた。僕が六歳の頃だから、昭和三十三年あたりのこと。

揚げるほどの油が手に入らず、少ない油で焼いたのが〈もみじ焼き〉という名の由縁だと。少ない油で焼こうとすると、かえって油っぽくなって美味しくなかったとも、哀《かな》しそうな顔で話した。

それが戦争によるものだったのか、それ以前から日本では食用油が貴重だったのかは、聞きそびれてしまった。いや、聞いていたけれども忘れてしまったのかもしれない。だが、本来は揚げて食べたいのに、油が足りずに焼いたのだという事実だけは強烈な印象として残った。そういう記憶というのはおとなになっても消えることはなく、いまだに僕は、揚げ物をした後の油の行方が気になって仕方がない。もったいないと思うのだ。

鍋つゆを作るのに、ふんだんに日本酒を使うが、それよりずっと安価な食用油を使い惜《お》しみしてしまう。六つ子の魂、還暦まで、だ。

〈山賊焼〉もきっと似たようなプロセスを辿るときがあったのではないか。そう推察した。薄切り牛肉に比べて、はるかに図体《ずうたい》の大きい鶏肉を揚げるとなれば、大量の油が必要だ。始末して揚げ焼きにするところもあったに違いない。とは、すべて僕の想像に過ぎないのではあるが。

アルプス三大北壁。冬期単独登攀《とうはん》を世界で初めて成し遂げた、日本を代表する登山家、長谷川恒男のサイン入り写真が『萬来』の店内を彩る。勇猛な山男たちを山賊に見立てたのだろうか。

〈山賊焼〉は、料理からではなく、食べる側のイメージからついたネーミングだったのかもしれない。

山賊焼、再訪

後日、というか、その後三年も経《た》った頃、松本ひとり旅をしていて、ふとこの〈山賊焼〉を思い出した。思い始めると止まらないのが僕の悪いクセだ。件の店に予約を入れようとして思い留《とど》まった。せっかくだから他の店で食べてみようと。たしかあのとき案内人のＴＢさんは、松本名物に、と話していた。ならばきっと、何軒かあるはずだとホテルのフロント嬢に訊ねると、松本グルメマップなるリーフレットを渡してくれた。その中に「松本山賊焼の美味しい店」というページがあった。

なるほどたしかに松本名物になっている。ＴＢさんの願いは叶ったわけだ。ホテルで紹介を受け、いそいそと駅に向かった。

店の名は『蕎麦居酒屋 蔵のむこう』【地図Ｊ㉔】。本当に駅のすぐそばだ。

かつては駅前旅館だったのだろうか、そう思わせる建物は松本の街らしい白壁の蔵造り。〈松本山賊焼〉と白く染め抜かれた青い幟《のぼり》が風にはためいている。

入り組んだ造りの店の奥。カウンター席に案内された。

メニューを開いて驚いたのは、馬肉料理のメニューが豊富だったこと。たしかに松本の街には馬肉を食べさせる店が少なくないのだが、馬刺しから馬カツまで、見開きページにずらりと並ぶ馬肉料理は圧巻。うっかり〈山賊焼〉のことを忘れてしまいそうになったほど。

イヅツワインを飲みながら、先《ま》ずは桜納豆。馬刺しと納豆のコラボを愉しみながら、お目当ての〈山賊焼〉を待った。

「お待たせしました。こちら山賊焼になります」

若い客の多い店、独特の言い回しである。

「え？　まだなってないの？　いつになれば山賊焼になるの？」

なんて意地悪なことを言っても、その意すら通じないだろう。おとなしく箸をつける。

ひと口大に切ってはあるが、見た目には相当なボリュームである。以前食べたのと比べれば、かなりコロモが薄い。ひと切れ、口に放り込む。いやいや、なんとも、この味、この味。

味の記憶とはたいしたものである。三年も前の味が蘇っ

『蕎麦居酒屋 蔵のむこう』の〈山賊焼〉

てきた。

にんにくが利いている。外はカリッとしていて、身はジューシー。これぞ松本名物〈山賊焼〉。

が、半分ほども食べたところでギブアップ。残りは包んでくれた。せっかくの蕎麦居酒屋。せいろの一枚も食べたかったからだ。

せいろ一枚六百九十円。手打ちのそれは、飲んだ後の〆にはもったいないほどの出来。馬肉と〈山賊焼〉、そして蕎麦。信州ならではの味を堪能《たんのう》して店を後にした。

時間の流れに、想いがついていけなくなって久しい。

ついこの前だと思っていたのに、想いの何倍もの時間が経ってしまっている。こうして人は老いていくのだろうナと、そんな感傷に耽《ふけ》りながら歩くには、松本は実にふさわしい街である。

さて、僕は地方の街に行くと、必ずスーパーマーケットに立ち寄る。その地の食事情が手に取るように分かるからだ。分けてもお惣菜売り場。地元民が普段から食べ慣れているものが並んでいる。ここで他の地方では見かけないローカルグルメを見つけてから、店を探すこともあるくらいだ。ただ観光客に向けてだけのものは、決してこの売り場には並ばない。それを見分けるにも役立つ。

松本駅前の『井上百貨店』。地下一階の食品売り場、お惣菜コーナーと鶏肉売り場に、しっかり〈山賊焼〉が並んでいた。もも肉一枚丸揚げだから、齧りつくのだろうか。

「一番よく売れるのはクリスマスの頃ですかね。家族の人数分だけ買っていかれますよ。松本の小学校では給食にも出るんです」

ためしにひとつ買って、売り場のオバチャンから、そう聞かされた。

☆泊まるならここ

『リッチモンドホテル　松本』【地図Ｊ】

松本の街中にあって、駅からも徒歩圏内。ホテルの一階には〈山賊焼〉を食べられる居酒屋と、ファミレスの『おはしCafé ガスト』がある。朝食はこの『ガスト』で摂《と》るのだが、朝五時から食べられるのがありがたい。また早朝と深夜以外は客室までデリバリーしてくれるのもいいアイデア。ダブルルームで快適に過ごせた。

山の中の大店

さて、〈山賊焼〉。話はなんと、一気に山口へと飛ぶ。

名前は同じ〈山賊焼〉でも、まったく違う食べ物がかの土地にもあるのだ。味はもちろん、その店の有り様ももう、〈山賊焼〉という力強いネーミングにふさわしいというか、負けていないというか、とにかく驚くべきものなのである。前代未聞、空前絶後の店。中国地方版〈山賊焼〉の、驚くべき話をご紹介しよう。

〈山賊焼〉。骨つきのもも肉を手づかみにして齧りつく。そのイメージ通りのものを食べられる店があると聞いて、すぐに行ってみた。あろうことか、店の名前からしてすでに『山賊』。店の在《あ》り処《か》は信州から遠く離れた山口県の山中である。

初めてこの店を訪れ、呆気《あっけ》にとられたまま時間が過ぎ、夜眠るときに至ってもまだ、夢の中の出来事かと頬をつねっていた。それほどに不思議な店。

そもそもが、飲食店としてはあり得ない立地である。

いちおう国道二号線沿いではあるが、山口県の中でも人里離れた山の中。まさか路線バスを乗り継いで行く客などいないだろう。にも拘《かか》わらず、酒飲みには垂涎《すいぜん》のメニューが並び、かつ、おおらかな雰囲気は深酒必至なのである。この店に案内してくださったのは周南《しゅうなん》市の沖合に浮かぶ大津島《おおづしま》で宿を営むMMさんだ。この店に来るときは必ずひとり下戸《げこ》の運転手を連れてくるのだと、MMさんが笑った。

地元山口では知る人が多いと聞くが、地元以外にはほとんどその存在を知られておらず、初めてこの店の前に立つと、誰もが口を閉じることができない。

むろん僕もそのひとり。ぽかーんと口を開いたまま、いったいここは何なのか、しばらく理解できずにいた。

圧倒的なスケールの店である。いったい何席あるのだろうか、見当もつかない。『いろり山賊』【地図W64】と看板のかかる入口から入り、古民家風の建物を通り抜ける。奥の出口から出ると傾斜地にいくつもの赤い毛氈《もうせん》を敷いた席が連なっている。さらに奥へと歩く。まだ席は続いている。

ただでさえ巨大だと思っていたのに、この『いろり山賊』の他に地続きになった店が二軒あるのだという。どこからどこまでが『いろり山賊』なのかすら、まだ全容がつかめない。

巨大な店である。だけでなく、どこか浮世離れした不思議な空気がそこかしこに漂っている。デジャビュ。直接ではないものの、いつか、こういう景色を見た記憶がある。

しばらく想いを巡らせていて、はたと思い当たったのはクロサワ映画。

段々畑ならぬ、段々席。

幼い女の子に導かれ、雛段に模した桃畑へと。映画にはそんなシーンがあった。あの桃源郷によく似た光景が現実のものとして、目の前に広がっている。しかもここは映画のセットではなく食事処なのだ。

呆気にとられる以外に何ができるというのか。

この店の存在をご存じない方には、何を大袈裟な、と思われるだろうが、目《ま》の当たりにすれば、きっと誰もが同じ思いになる。

どこに席を取ればいいのか。右往左往する僕にかまうことなく、案内人のMMさんは迷わず奥へと進む。目指す席があるようだ。

辿り着いたのは、野外の掘《ほ》り炬燵《ごたつ》席。朱い毛氈が目に鮮やかだ。数人が腰かけられる炬燵席は、はていくつ並んでいるだろうか。その内半分ほどはすでに客が入り込んでいる。壮観である。

「おかしな店じゃろ」

掘り炬燵に足を入れて、MMさんが笑った。

春まだ浅き山の中は肌寒きことはなはだしく、そこに集いし者たちが、肩を寄せ合い、酒に酔い、話に興じ、炬燵の中で足をぶつけ合う。なんとも不思議な店だ。周りを見回すと、カップルもいるが、ほとんどはグループ客。よく見るとたしかに、中のひとりはお茶かジュースを飲んでいる。運転手役なのだろう。

山賊焼、山賊うどん、山賊漬け

「『山賊』に来たら〈山賊焼〉を食わにゃ」

おもむろに立ち上がってMMさんが言った。

おびただしい数の客席を縫《ぬ》うように、絣《かすり》姿のオバチャンたちが料理を運んでいるが、せっかちなMMさんは自ら料理を取りにいく。僕も後に続いた。

気づかなかったが、ここは食券を買うシステムになっているようだ。MMさんの手にはそれらしき券が見える。

〈山賊焼〉のコーナーがある。いい匂いをまとった煙が上っている。

焼き上がったばかりのそれをMMさんが僕に手渡した。これぞまさしく〈山賊焼〉。想像通りのものだった。

太い竹串が突き刺さったもも肉の丸焼きは、こんがりと焼き色がつき、タレと肉汁が皿に

これぞワイルド！『いろり山賊』名物、〈山賊焼〉

たっぷり。竹串をつかんで、焼き立て熱々にがぶりと齧りついた。

　これだ！　思わず叫んでしまった。それほどにイメージした通りの味なのである。甘辛いタレにはニンニクがほどよく香り、噛み締めると肉汁がじゅわーっと溢れる。ふた口ほど食べただけなのに、口の周りはタレと脂にまみれている。山賊らしく、こぶしでそれを拭《ぬぐ》う。食べ始めると止まらない。あっという間に骨だけが残った。若い頃なら「もう一本」といっただろう。それほどヤミツキになる味。生ビールのジョッキがこれほど似合う食べ物も他にないのではないか。食べ終えて、久し振りに中ジョッキを一気飲みした。

　信州松本と山口の山中。同じような山里に見えて、少しくその様相が異なる。高く険しい山が連なるアルプスに比べて、よりプリミティブな山々が続く中国地方。その違いが、同じ名を持つ〈山賊焼〉にも表れている。捻《ひね》りを加え、変化をつける松本に対して、山口は素朴でまっすぐな味。一家団らんが似合う松本。野にあって手づかみで食べるのがふさわしい山口。これぞローカルグルメの愉しさ、奥深さ。

宴《うたげ》はまだ始まったばかり。とにかくメニューが豊富。串カツ、唐揚げ、枝豆。いわゆる居酒屋メニューから、五千円を超えるヒレステーキまで、目移り必至のお品書きを見ていると、猛然と食欲が湧《わ》いてくる。

名物だという、フライパンで焼く餃子と、〈山賊うどん〉のミニサイズを頼んでから、店の中を探検する。

城のような建物があるかと思えば、小さな神社のような祠《ほこら》もある。〈恵比寿の庭〉には大きな恵比寿さまの像が、にっこりとほほ笑み、打出の小槌《こづち》を振る大黒様が傍《かたわ》らに佇んでいる。緑豊かな木々の間を縫って、奥に進むと池があり、その真ん中には金色に輝く観音さまがおわします。ちょっとしたテーマパークだ。

席に戻ると餃子が届いていた。一見したところ〈ホワイト餃子〉っぽい焼き色で、大きさもけっこうなサイズ。が、これも食べてみるとなかなか旨い。どういう味つけなのか、中華屋さんとはかなり違った味わい。

〈山賊うどん〉のほうは、いわゆる肉うどん。しっかりした手打ちうどんに、濃厚な出汁《だし》が絡《から》んで、これもまた旨い。

腰を落ち着けて赤ワイン。きりりと冷えたボトルも炬燵の中でなら悪くはない。

「ワインにはよく合うじゃろ」

ＭＭさんがそう言って運んできてくれたのは〈山賊漬け〉。キムチの入った漬物の盛り合わせ。たしかにワインのアテには格好だ。

今ごろになって気づいたが、ＭＭさんは一滴の酒も飲んでいない。そうか、と今さらになって申し訳なく思う。

「飲まん日を決めとるのよ。休肝日。ちょうど今日がその日やさけ、気にせんでもええ」

やさしいＭＭさんの言葉に甘えた。

概《がい》してこの手の、テーマパークっぽい店というのは、食そのものより、仕掛けであったり、イヴェントだったりのエンターテインメント重視になり、料理はおろそかになりがちなのだが、この『いろり山賊』は、それらとは一線を画し、食そのものだけでも充分価値がある。その上愉しければさらによし、だ。

しこたま飲んで、たっぷり食べて店の外に出る。

店の看板の上に大きな女性の絵が描いてある。周りにはカーネーションが描かれている。

「父さん母さんありがとう」そんな文字が浮き出ていた。

訪れたのは、ちょうど母の日と父の日の真ん中あたり。

この店の営業時間を聞いてまた驚いた。午前九時半から翌朝の五時まで。

ということは、夜中の三時頃にでも、この山の中で〈山賊焼〉を食べている客がいるかもしれないのだ。

世の中にはまだまだ、不思議な店があるものだ。

たたずまいもユニークな『いろり山賊』

☆泊まるならここ

『グリーンリッチホテル　岩国駅前』【地図W】

『いろり山賊』からは少し離れるが、それでも一番近いのが岩国駅近辺のホテルだ。何軒かあるがおすすめはここ。大浴場もあり、部屋は黒を基調としたシャープなデザインで使い勝手もいい。さて、ここからどうやって『いろり山賊』へ辿り着くか．が問題ではあるのだが。

3・金沢『グリルオーツカ』と『ラッキー』のハントンライス

金沢で出会う「ライスもの」

先の〈山賊焼〉のように、場所を超えて、同じネーミングの料理、あるいは姿かたちが似たような食に出会うということは、じつはよくある。「なんでこんなところに、あれがあるんだ!?」と驚いたことは、一度ではない。いったい誰が伝えたのか。それとも偶然、同じことを考え、同じような料理を生みだした料理人がいたのか。大きな謎だが、底に日本の食文化の奥深さを感じる。全国各地からこういう食の存在の噂を耳にすると、僕はいてもたってもいられなくなる。

さて、次に紹介するのは、ローカルグルメのごはんもの。ごはんものには二種類あって、ひとつは丼スタイル。もうひとつは皿盛りのライスもの。大きくはこのふたつに分けることができる。取り分け地方でおもしろいのはこのライスものだ。当然ながらそのほとんどが洋食系ということになる。

多くはコンビネーション。何かと何かを足す。典型例は長崎名物〈トルコライス〉。カツとライスにスパゲッティまでが参戦する。既著『食い道楽ひとり旅』（光文社新書）に詳述してあるので、詳細は省くが、ローカルグルメのライスものとしては、この〈トルコライス〉が西の王様だろうか。

と、この本を読んだ金沢の友人から、「金沢にも似たような料理がある」との報《しら》せを受けた。見た目はよく似ているそうだ。俄然《がぜん》興味が湧いてきた。長崎と金沢。海でつながっていると言えば、そう言えなくもないが、都市としてのイメージはかけ離れている。なぜ長崎と金沢に。

間をおかず訪ねてみた。

こういう場合、僕はあまり事前に調べないようにしている。〈グーグル〉で検索したり、口コミサイトでリサーチすれば多数意見の集約に傾いてしまう。それではつまらない。現地の声とネット上での評価は必ずしも一致しない。どころか、僕の経験からすれば、相当あてにならない。

高松へ旅したとき、讃岐《さぬき》うどんの店を探していて、ネット上での評判を頼りに訪ねた店は、さほど旨いと思わなか

長崎の街角で売られている〈トルコライス〉

った。その店のすぐ近くにある製麺所兼うどん店は、ネットでの評価はすこぶるつきの低さだったが、店構えが気になったので、翌日の昼前に訪ねてみた。と、これが感動的な旨さだった。

大した行列もなく、客のほとんどが地元の馴染み客。安くて旨い、讃岐うどんのお手本のような店は案の定取材拒否で、それ故隠れた名店になっていたのだ。聞けば、店側は取材をしてほしいのに、常連客がそれを許さないのだと言う。釣銭を渡しながら、割烹着のよく似合うオバチャンが、苦笑いを浮かべてそんな話をしてくれた。

ふたつの洋食屋へ

うどんはさておき、今回金沢で目指すのはその名も〈ハントンライス〉。ライスというからにはごはんものであり、トルコライスに似ているといったのだから、いろんな具材が載せてあるのだろうことまでは想像がつく。

真っ先に気になるのは、そのネーミングだ。ハントンとは何ぞや。

こういう話は答えを聞いてしまうと、存外つまらないことが多い。あれこれと想像している間が一番愉しい。なので金沢の友人にもその内容は聞かずにおいた。

もっともありがちなのは人名系。金沢にハントンさんという人がいて、その人がいつも食べていたメニュー。あるいは訛《なま》り系。能登半島の半島が訛ってハントン。それ以外はたいてい現地語の変形。コートレットがカツレツになったように、外国人が話していたのを聞いた日本人が言い易いカタカナに置き換えた。さらには簡略系。縮めてしまうパターンだ。で、この場合、しごく単純にハンバーグとトンカツだと想像した。ハンとトンが載っているライス。なかなか旨そうではないか。おそらくこれが正解か。

特急『サンダーバード』に乗って、あれこれ考えるうち金沢に着いた。まずはホテルにチェックインして情報収集するのが、僕のいつもの遣《や》り方。

まだできて間もないホテルのフロント女性スタッフは名古屋出身。ゆえに金沢のことはまだよく分からないと、マネージャーらしき男性に話を取り継いだ。

地元出身の男性スタッフは慣れた口調で、おすすめ店をすらすらと数軒挙げてくれた。中で僕の心に響いたのは『グリルオーツカ』と『ラッキー』。

なぜこの二軒か。『グリルオーツカ』は、京都人には懐かしくも深い思い入れのある店名だからだ。洛北下鴨の住宅街にあって、洋食といえば『グリルオーツカ』と思っていた。この店のことについては拙著『おひとり京都の愉しみ』（光文社新書）に詳述してあるので、そちらをお読みいただくとして、たまたま同名の店があると聞き、京都の店の隠れ名物がオムライスだったことを思い出し連想が膨らんだ。

オムライスといえば、ライスものの女王である（王様は当然カレーライス）。〈ハントンライス〉はきっとその配下にあるはず。同じ名の店。何らかのつながりがあるのでは、というまでには、いかにも弱い論拠しかないが。

もう一軒の『ラッキー』。これはもう単純明快。深く考えることなく、思いつきで名づけた感がいい。

地方の店選びには、その店名も大いに参考になる。おおむね凝《こ》り過ぎた店の名はハズレであることが多い。英語を無理やり漢字に置き換えた店で旨かったためしがない。気恥ずかしくなるようなメルヘンチックな店名も芳《かんば》しくない。

『ラッキー』。これほどに潔《いさぎよ》い店名もないだろう。店の名前なんかどうだっていい。味で勝負だ。そんな店主の声が聞こえてきそうではないか。

盛りだくさんのメニュー

二日かけて両方を食べるつもりで、地図をもらい、最初に出向いたのは『グリルオーツカ』【地図L㉛】。香林坊《こうりんぼう》の裏手にあって、つぶさに地図を見ながら歩いたが、それでも何度か迷った。そんな裏路地にある店。

普通の民家仕様。あずき色の壁がなんともレトロな空気を漂わせ、観葉植物の中に立つ黒板メニューがうれしい。迷わず中に入る。レストランというよりは食堂に近い。が、メニューは正統派の洋食……かと思いきや、かなり個性的だ。

『グリルオーツカ』外観

和定食というのが最初にあって、生姜《しょうが》焼き、焼肉などと並んで〈バークワン〉とある。括弧《かっこ》の中にハンバーグと記してあるが、この店ではハンバーグを〈バークワン〉と呼ぶらしい。こういうの、僕は好きだ。

そうかと思えば、鉄板料理というジャンルがあり、そこにはヒレカツやビーフシチューとともに、ハンバーグというメニューもある。〈バークワン〉とどう違うのか。鉄板料理と呼ぶからには、カツやシチューが鉄板で出てくるのだろうか。なんとも不思議な店だ。

お目当ての〈ハントンライス〉はハントンという別コー

ナーをわざわざ設けてある。やはり看板メニューなのだろう。

メニューを読み進めると、〈ハントン風ライス〉〈エビハントン風ライス〉。ここまではなんとなく分かる。だがその後に〈オムライス〉と続くのがどうも納得できない。ここに至ってやむなく説明を求めることにした。

店の歴史とともに長く歩んできただろうと思わせる風貌《ふうぼう》のオバチャンを呼んだ。何百回、何千回と同じ説明を繰り返してきたに違いない。丁寧な語り口ながら、気持ち的には、「やや面倒だ」というのが表情にあらわれている。

簡単に言えば、オムライスの上にフライを載せ、ケチャップとタルタルソースをかけたもの。ハントンのハンはハンガリー、トンはフランス語でマグロのこと。だから魚のフライなのだとも聞いたが、なぜハンガリーなのか、までは多忙なオバチャンに訊けなかった。昼どきともなれば忙しいのである。

たいていの客はカツやハンバーグ、洋食弁当などを食べている。ごく普通の洋食屋さんだ。

待つことしばし。楕円《だえん》形の銀の洋皿に載って現れた〈ハントン風ライス〉。まさしく説明の通り。玉子でライスは見えないほどで、フライは大小五切れ。ケチャップとタルタルソースがかなり無造作にかかっている。

たじろぐのがそのボリューム。大盛りと間違われたのかと思うほどである。味はといえば、予想を裏切らないもの。見た目からして、こういう味だろうなと思った、まさしくそのままの味に安心する。悪くいえばインパクトがない。これを食べにわざわざ金沢まで来るようにと、強くおすすめするのはちょっと厳しいかもしれない。

〈ハントン風ライス〉は愛すべきローカルグルメ

しかし実は本当のローカルグルメとは、こんなものなのである。元々が観光客を誘致するためではなく、地元民に愛され、地元ではしごく当たり前のようにして食べているもの。インパクトがあれば飽きてしまうに違いない。他のメニューに埋もれてしまいそうに地味な存在で、かつ平凡な味。週に三日は〈ハントンライス〉。そんな金沢市民がいてもおかしくない。なので、こういうメニューは過剰な期待を持たず、今日はひとつ〈ハントンライス〉でも食べるか、くらいの軽い動機で訪ねるのがいい。この、でも、が大切だ。気合を入れ過ぎると肩透《す》かしを食らう。

食べ進める。かなり味は濃い。トンカツかと最初思ったのは、やはりマグロのカツ。タルタルとケチャップの混ざり合ったところに絡めて、オムライスと一緒に食べれば、相当に旨い。濃い味の割には胃にやさしい。しかしながら八割ほど食べてギブアップ。ハーフサイズがあればうれしい。

改めてメニューを見ていてまた気になるものを見つけた。ホワイトソースというジャンルがあり、マカロニグラタンと並んで、〈ギリシャ風エビピラフ〉や、〈ドリアン風タンバルライス〉なんていうのがある。〈ハントン風ライス〉よりこっちが気になる。ドリアン風？タンバルライス？

謎の多い店であったが、順番待ちの客までいる中で、呑気《のんき》な質問などできるわけもなく、ひと皿でも持てあましているのに追加注文なども無理に決まっている。七百円のお代を払って急いで店を出た。

しかしなぜハンガリーなのだろう。トルコライスのトルコも謎だが、ハンガリーはもっと謎が深い。しかもマグロのカツ。トンはフランス語からきているというのも不思議。

ライスの上にカツを載せるパターンは日本各地にある。先に挙げたトルコライスを代表に、京都の『キッチン・ゴン』【地図S㊿】という洋食屋には〈ピネライス〉という似たようなメニューがある。これの語源を主人に訊くと、ピネはフランス語で薄いという意だと話してくれた。フランス語に堪能な友人に話すと首を傾《かし》げてはいたが。

また、まだ食べたことはないのだが、北海道の根室《ねむろ》には〈エスカロップ〉なるローカルメニューがあり、やはりここもバターライスの上に薄切りカツを載せ、デミグラスソースをかけたものだそうだ。釧路《くしろ》までは行ったものの、根室まではまだ足を踏み入れたことがない。早く食べてみたいものだ。

ところでこの〈エスカロップ〉。『ニューモンブラン』【地図A❷】という喫茶店が元祖だと聞く。その語源はとなると、諸説あるらしいが、先の〈ピネライス〉と似ていて、フランス語で薄切り肉をエスカロップということから来ていると説明する店もあるようだ。しかし確かフランス語の料理用語としては「食材全体を薄く切ること」をいうはずだ……。そんなことを、あれこれ考えながらホテルに戻る時間が愉しい。ローカルグルメはこうして、考えを巡らせ、由来や語源を探ったり、彼《か》の地に想いを馳せたりするところに醍醐味がある。

名店中の名店へ、ちょっと寄り道

旅の目的は〈ハントンライス〉なのだが、気分的に言えば夜の食事もまた大切な時間である。旨いもので昼と夜を埋めてしまいたい。

昼が済めば夜に備えなくてはならない。とは言え、本当の夜ではない。あと三時間もすれば鮨を食わねばならない。ねばならない、というのも大袈裟に過ぎるだろうナ。なんとしても食べたい、が正しい。

金沢に来たなら必ず食べておきたい鮨。今や鮨王国と言っても過言ではない金沢だが、中で、今のうちに食べておかないと、きっと後悔するだろう店は、ただ一軒しかない。けだし名店である。『小松弥助』【地図L㉜】。伝説の店の名舞台といってもいい。ガチガチの江戸前鮨ではない。いい意味での緩《ゆる》さも併せ持った、軽やかな鮨。小一時間、老職人の握る鮨を食べ、話に聞き入る時間は何ものにも代えがたい。齢《よわい》を重ねた職人ゆえ夜の営業はなく、昼の続きとしての夕方鮨。どんなに遅くても四時前には暖簾を潜らねばならない（二〇一二年一月現在、営業時間が短くなっていると聞くので、訪れる際には確めたい）。とてもじゃないが腰を据えて飲むにはまだまだ明る過ぎる。だが、そうまでして食べたい鮨。ここより他に一軒もない。

翌日。朝早くから腹ごなしに市内を歩き回って昼に備えた。

洋食の街、金沢

『ラッキー』【地図Ｌ㉝】は兼六園《けんろくえん》の近く、交差点の角にある洋食屋さん。赤いファサードテントにラ・ッ・キ・ーと白字で染め抜かれている。どちらかといえばラーメン屋風の外観。唐揚げ、トンカツ、エビフライ。普通の洋食に交じって〈ハントンライス〉ここも七百円。『グリルオーツカ』と同じような味だと言い切るのは憚《はばか》られるが、かと言って、その違いを百四十文字以内で記せと言われれば途方に暮れるだろう、そんな違い。カツが揚げてから切ってあるのと、ケチャップとタルタルソースが規則正しい絵柄を描いているのがこの店の特徴だろうか。この店もかなり繁盛《はんじよう》している。金沢の人は洋食が好きなのだろうか。

そう言えば以前、偶然通りかかって入った金沢の別の洋食店のレベルがあまりに高く、驚いたことがあった。カキフライ、エビのコキール、実に正しい洋食を出す店がロードサイドに何気なく建っていることがとても不思議だったが、店名がいっそう不可思議。字が違っているかもしれないが、たしか『洋食屋　ニュー狸』【地図Ｌ㉞】だった。取材の移動日、昼を食いはぐれて、半ばあきらめていたときに偶然見つけた店だったが、食の雑誌でわざわざ取材してもいいほど旨いものを食わせてくれた。

『洋食屋 ニュー狸』の〈ハヤシライス〉

強烈な印象を残したのは〈ハヤシライス〉。
黒々としたデミソースに玉ねぎがごろごろ。目玉焼きが添えてあり、この黄身を崩しながらソースに混ぜ、ごはんと絡めると、とてつもなく旨かった。カキフライにデミソースをかけると、未知の味わいになった。

こういうことは数珠つなぎのように思い出すのであって、ひがし茶屋街の入口近くに映画のセットのような、その名も『自由軒』【地図L㉟】という洋食屋もあった。ここもまたハヤシライスがとんでもなく旨かった記憶がある。店主のおすすめはビフテキ丼だったかステーキ丼だったかだが、値段がけっこう張ったので、〈ハヤシライス〉にした。『ニュー狸』に負けず劣らずの味だった。目玉焼きはなく、その代わりにと言っては何だが、グリーンピースがアクセントになっていた。

ねっとりと舌にまとわりつくソースは濃厚な味わい。金沢の洋食はどこも濃い味つけを特徴としている。

かと思いきや、そのとき『自由軒』で旅の道連れ、編集者が食べていたオムライスは醤油味のあっさり系。ケチャップもかからず、焼飯の薄焼き玉子包みといった風だった。ひと口味見させてもらったが、クセになりそうな香ばしい味わいだった。『ニュー狸』『自由軒』ともに再訪を果たせていないのが残念ではある。

さて〈ハントンライス〉。極めたとまではいかないにせよ、おおむねは理解したと思う。そもそも〈ハントンライス〉とは？　などと語る資格を得た（と自分で決める）。

結論からいえば、僕は『グリルオーツカ』に軍配をあげる。何よりその店の佇まいと銀の洋皿が醸し出す空気は昭和そのもの。ケチャップとタルタルソースを無造作にかけるのも気に入った。

お好み焼きなんかがその典型だが、ケチャップ、マヨネーズを斜《なな》めに細い線を描いてかけると、どうしてもまずそうに見える。フレンチを真似たのかもしれないが、小賢《こざか》しいなと思ってしまう。若い人向けのチェーン居酒屋でもよく見かけるそれは、昔懐かしいメニューには不似合い。

〈ハントンライス〉が一大ブームとならないのは、あまりにその中身が地味だからだろうが、名前の謎とともに味わい深いメニューは、ローカルグルメの代表といってもいい。町興しの起爆剤にならなくてもいい。行列などと無縁であり続け、しかし地元の人々がふと食べたくなって、足を運べば、それぞれの店が個性豊かに味わいを静かに競い合っているという風情。百万石金沢へ〈ハントンライス〉を食べに行く。ちょっとおしゃれだと思う。

☆泊まるならここ

『ホテルリソルトリニティ金沢』【地図L】

何より新しいのがうれしいし、スタイリッシュな佇まいもいい。場所も便利で値段もそこそこ。連泊したが、快適に過ごすことができた。金沢歩きのベースに最適なホテル。さほど多くはないがチェーンのホテルなので、この名前を覚えておくと、初めての土地などでの宿選びには便利だ。

4．ふらりと見つける行きつけ店——小樽『籔半』の江戸蕎麦

小樽の鮨事情

食いしん坊が北海道の小樽へ行く。となれば目的はひとつ。鮨に違いない。

訪ねたきっかけは同じだったが、結果として僕は小樽で旨い鮨にありつけなかった。事前のリサーチ。実際に小樽を訪ねてロケハン。店の構え、メニュー構成をチェック。おびただしいほどの店の中から、何とか三軒に絞り込んだ。札幌のホテルに泊まり込んで、毎日小樽に通った。

きっと他にもいい店は潜《ひそ》んでいるのだろうが、僕が訪ねた店はどこも、わざわざ小樽まで来て食べる価値があるとは思えなかった。

あまりにも観光地化し過ぎている。それが最初の感想だ。店側が客の嗜好《しこう》を決めつけているのが一番気になったことだ。過剰なまでの自信、いや自慢にも辟易《へきえき》し、少しばかり腹が立った。

「ここで鮨を食ったら、もうバカらしくて東京で鮨を食べられなくなる。皆そう言いますよ」

三軒とも鮨職人は同じような話をした。

僕はまったくそうは思わなかったので鼻白《はなじろ》んだ。

少しばかり腹が立った。というのは嘘だ。ものすごく機嫌が悪くなったというのが正直なところだ。何がかと言えば、内容と値段がまるで釣り合わないことだった。多くの観光客はセットものを頼んでいたが、僕は決まってお好みで握ってもらった。鮨屋の醍醐味はカウンターでお好みを握ってもらうことにある。そう固く信じているからだが、結果、驚くほどの高額を請求された。これなら東京で食べたほうがいい。そう結論づけた。

無論《むろん》、僕が出会った三軒だけで決めつけてはいけないのだろうが。

しかしながら腹の虫がおさまらない。このまま帰ってしまえば、きっと小樽という街から足が遠のくようになるだろう。それだけは避けたかった。なぜなら僕はこの街が好きだからだ。

いくらか作り過ぎているきらいがなくもないが、それでも運河と煉瓦《れんが》造りの倉庫群は実に美しい。海の表情も素敵だ。加えて京都から、僕の好きな長距離フェリーを使えば、直接小樽の港に降り立つことができる。小樽は僕にとって北海道の玄関口なのだ。

江戸前の小樽蕎麦に出会う

あきらめきれずに、小樽駅近くをしばらくうろついていた。小雪の舞う時期だったが、意外にも海風がほの温かく、心地よく頬を撫《な》でてくれ、何の苦もなく駅の周りをぐるりと一周した。

そんなときである。はためく白い暖簾に目が留まった。きりっとした字で『籔半』【地図C❼】とある。きっと「当たり」だと確信した。こういうときの僕の勘はこれまで外れたことがない（と本人は思っている）。

〈藪〉といえば江戸蕎麦の代名詞。江戸前の鮨で撃沈した身に、再度浮上するチャンスを江戸蕎麦が与えてくれそう。これぞ神の啓示とばかりに胸が弾んだ。

鮨で胃袋こそ満たされているが、心の中は空《から》っぽである。迷わず暖簾を潜った。

腰を落ち着けて、じっくりやりたいと思った僕の心を見透かしたかのように、案内係の女性は僕を店の一番奥にある蔵造りの席に案内してくれた。表から見ているより、はるかに店の中は広い。

片隅に積んであった座布団を敷き、座卓の前に座ってメニューを開く。思わずため息を吐《つ》いた。

「この店に出会うために僕は小樽に通っていたのだ」

品書きもきわめて少なく高価、客を待たせることなど何ほどの痛痒《つうよう》も感じていない今どきの蕎麦屋を一番の苦手としている。店主のこだわりとやらを押しつけられることに我慢がならない。

こだわりとは内に秘めるものであり、外に向かって公言するようなものではない。主人みずからが「こだわりの……」と言った瞬間から色褪《いろあ》せてしまう。

そこでこの『籔半』。品書きを見るとかなりのこだわりがあるようだが、それを客に押しつけないところに好感を持った。

品書きの随所に江戸蕎麦の解説文が記載されている。が、それを読まなければ、ただの蕎麦。気を魅かれればつぶさに読むだろうし、興味がなければ字を追うことはしない。「こだわり」を投げてはいるが、それをどう受け止めるかは、客側に委《ゆだ》ねている。極めて真っ当なあり方だ。

蕎麦屋の待ち時間は、鰻屋と同じく、期待に胸を膨らませるひととき。何度も同じ品書きを読みながら料理の到着を待つ。初めてこの店を訪ねて注文したのは〈あられ蕎麦〉。小柱の載った蕎麦だ。

でき上がりまでの、おおよその目安をつける。蕎麦をゆがき、つゆを温め……。素人ながら大体の当たりをつけ、それに近いとうれしい。ほぼ期待通りのはずだからだ。それより大幅に遅かったり早過ぎたりすると、訝《いぶか》しんでしまう。

『籔半』はぴたりと合った。運ばれてきたタイミングもぴたりなら、その姿かたちも予想通り、いや予想をもはるかに上回る美しさだった。

丼の上に木蓋が載っている。今どき、東京でもあまり見かけなくなったこの趣向が、まずもってうれしい。

蓋を取ると、湯気とともに磯の匂い、蕎麦の香りが一気に立ち上る。

『籔半』期待通りの〈あられ蕎麦〉のぬくもり

敷海苔の上に、小柱が踊り、三つ葉が彩りを添える。これが蕎麦だ。と言わんばかりに、蕎麦が蕎麦を謳《うた》う。濃いめのつゆが旨い。はて小柱はこの辺りで穫《と》れるのだろうか。レア状態の小柱を噛みしめ、そんなことを思いながら、あっという間に一滴のつゆも残さず食べ終えた。

当時の値段をくわしく覚えていないのだが、地の粉を使ったほうを頼んだので、安くはなかったと思う。〈あられ蕎麦〉だけでなく、この店の蕎麦は地物の粉を使ったものと並の蕎麦粉を使ったもので値段を変えている。北海道は名にし負う蕎麦粉の名産地である。冬と夏の寒暖の差が激しく、上質な蕎麦粉が穫れる。僕の記憶に間違いがなければ、たしか上野の『藪そば』も同じ地の蕎麦粉を使っていたはず。せっかくだから地物の粉で食べてみたい。ここに来て百円、二百円を惜しんではいけない。

こだわれば、こだわるほど品書きが少なくなると思い込んでいる〈似非《えせ》蕎麦通〉にはきっと、この店の真価を見抜くことなどできはしない。あたたかい種物《たねもの》の蕎麦すら認めないような輩はきっと『籔半』のメニューを見て小バカにすることだろう。何しろ天丼はもちろんのこと、カレー丼やカツ丼まで品書きにあるのだから。

若い頃を懐かしむのはこういうときだ。丼と蕎麦くらいは平気で一緒に平らげることができたのも今は昔。食べたくてもお腹がそれを許さない。なんとも情けない話だ。次は夏に来て、朝を抜いてでもカツ丼と〈カレー蕎麦〉を注文しよう。固くそう心に決めたのだった。

生ビールとカレー蕎麦

存外早くその機会が訪れた。半年も経たないうち、札幌街歩きの仕事が舞い込んだのだ。二泊三日の行程、三度の昼飯のうち、二回をこの店で摂る僥倖《ぎょうこう》に恵まれた（自分で作ったとも言える）。

小樽駅の佇まいはいい。駅構内のランプも美しい。国の登録有形文化財なのだそうだ。北のウォール街とも称された街並みには、かつての繁栄を今に残し、建築としても見るべき建物は多い。ぶらり小樽歩きは昼飯前の愉しみ。さほど計画性のない人生を送ってきたが、旨いものが絡んでくると話は別。この行動を予測して僕は、あらかじめ荷物を札幌のホテルに送っておいた。用意周到なのである（と自己満足することも忘れない）。

『北一《きたいち》硝子《ガラス》』の三号館に入るとトロッコのレールが残っている。明治の面影。石油ランプの先駆者として、輝かしい歴史を誇る『北一ホール』【地図Ｃ❽】は必見。単なる土産物としてガラス製品を商う店を地方のあちこちで見かけるが、それらとは明らかに異なる、本物だけが持つ輝き。

運河、倉庫、ガス灯。ニシン漁で財を成し、やがて落日を迎えた街の面影は、どこかせつない。

かつての蔵や倉庫を活用した店が点在する。

『海猫屋』。あまりにも有名な店なので僕は素通り。何度も外観を見ていても、店に入ったことはない。

『ロディオスター』。バータイムに訪ねてみたい店だ。

小樽の街歩きを終える。朝五時に起きて、朝食はトースト一枚で済ませておいた。『籔半』

の暖簾を見ただけで、お腹が鳴る。昼餉《ひるげ》に向けて準備は整った。いざ戸を開けん。勢い込んで店に入り、慣れた様子で奥の蔵座敷に向かった。昼どきまではまだ間があるせいか、店の中はがらんとしている。本当に旨いものにありつこうと思えば、こういう時間帯がベスト。正午を過ぎて客でごった返している時間は避けるのが賢明だ。

まずは生ビールと〈カレー蕎麦〉を頼む。むろん地粉。たとえカレー味であっても、蕎麦の風味は大事にしたい。

ぷはーっ。ドン。飲み終えたジョッキを乱暴に机に置くのがスーパードライの流儀。ほどなく、ぷうーんとカレーの香りが漂ってきて、ジョッキと入れ替わりに小机に置かれたのが〈カレー蕎麦〉。

ぷくり、ぷくりとあぶくが弾《はじ》ける。ねっとりととろみのついた黄色い出汁に、純白の蕎麦を絡める。蕎麦はそれを拒《こば》むかと思いきや、意外にもすんなり受け入れる。いくらかサディスティックな気分になるのはなぜだろうか。

旨いものは旨いとしか言いようがない。こんなカレー蕎麦なら毎日でもいい。そう思わせる。牛でもなく鶏でもなく、ましてや油揚げでもなく、豚の三枚肉。まさに僕が理想とする〈カレー蕎麦〉だ。

北の街小樽。夏の蔵座敷。カレー蕎麦。生ビールおかわり。これが幸せでなくて、いったい何が幸せか。

旅の道連れもなく、ひとり旅であることに安堵《あんど》するのもこの瞬間である。たかだか一杯のカレー蕎麦に、せつないまでの幸せを感じる。きっと誰にも理解されまい。還暦を控えた初老の男がカレー蕎麦を食べながら、うっすらと目に涙まで浮かべていたら、きっと僕だって不気味に思う。

生ビールを二杯飲んだせいでもあるが、この日、カツ丼を頼むことはなかった。お腹が大きくなったというよりも、過ぎたる幸せを恐れたのだ。

蕎麦屋にある人生

では翌日さっそく、とはならないのも僕の常である。二日続けて同じ店に行くのが気恥ずかしいのだ。きっと店側は気にもかけてないだろうが、僕には、

「この人、昨日もうちに来てたね。かわいそうに。他に行く店がないんだ」

という憐《あわれ》みの、ひそひそ声が聞こえてくる。

じっと我慢かといえばそうでもない。

「僕だって、札幌に来たら他に行きたい店はいくらもあるんだ」

いったい誰に向かって強がっているんだか。

それはさておき、二日目の昼餉は鰻。この店はまた、ワインバー、ラーメン屋とともに著を改めるとしよう。中島公園の西南。ここでは、鄙びた地にある鰻の名店『うな清《せい》』【地図B❸】の名前だけに留めておく。アルミの引き戸に藍色地に白で染め抜かれた〈鰻〉と〈うな清〉の文字。食堂然とした軽い外観をなめてかかると、〈中割重〉の重厚な味わいに打ちのめされる。

さて鰻を間に挟《はさ》んで札幌歩きの最終日。満を持して小樽へと向かった。例によって荷物はホテルから自宅へと送り、手ぶらで降り立つ小樽駅。週末ということもあって、この日の列車は、鮨屋巡りを目論む観光客で席が埋まっていた。集団は寿司屋通り目がけてまっしぐら。従順な羊の群れである。

駅から南へ。方角は似ていても、目指すものはまるで異なる。人の嗜好というものは本当におもしろい。

一昨日と同じ暖簾を潜ろうとして、店の前に立つ柳の木に目が留まる。ちょっと不思議な樹形をした木に初めて気づいたのは少しばかり余裕ができたせいだろうか。

列車が同じなので、一昨日とほぼ同じ時間。同じ席に着き、今度は冷酒と〈せいろ〉を頼む。〈せいろ〉は地粉もので七百円。酒は『北の誉《ほまれ》』の純米生酒小瓶で七百五十円。与えられた仕事を終えて、ちょっとしたご褒美だ。

と、ふと気になったのは並粉。何度も店に来ていて一度も並粉の蕎麦を食べてないことに気づいた。どれほどの違いがあるのか、たしかめてみたくなった。慌ててオーダー変更。生酒をちびりちびり飲みながら待つことしばし。運ばれてきた並粉の〈せいろ〉。たっぷりと盛られ、いい按配《あんばい》である。飲みながらだと、これくらいの蕎麦がいい。

多めにつゆに浸して手繰《たぐ》る。ああ。旨い。いい。うん。これだ。

何度うなずいたことか。これでいいんだなぁ、と。五百五十円か。生酒小瓶と合わせて千三百円。夏の昼餉にはちょうどいい。不覚にもまた泣きそうになった。歳を取ると涙腺《るいせん》が緩んでしまう、ということにしておこう。

カレーショップやラーメン屋では、まずあり得ないことだ。どんなにしみじみとした味だったとしてカレーやラーメンで涙ぐむことはない。蕎麦屋ならではのことなのはなぜか。

いまだその謎は解けずにいる。だが、おぼろげにではあるが、分かっていることがひとつある。それは、

《蕎麦屋には人生を引き連れてくる客がいる》こと。

昼と夜の狭間《はざま》。三時半過ぎに蕎麦屋の暖簾を潜ったサラリーマンが、ネクタイを乱暴に緩め、板わさをアテに手酌酒。盃を一気にあおる。うれしいことがあったのではあるまい。悔しい場面に出会ったのだろう。横顔にそう書いてある。

あるいは。暖簾を上げて間なし。開店を待ちきれなかったのか、老人がひとり席に着いて忙《せわ》しなく注文する。〈天抜き〉とビール。新聞を広げてはいるが、目は字を追っていない。やがて届いたビールをひと口飲んでは天井を仰ぎみて、小さくため息を吐く。時折り目を閉じる。〈天抜き〉の海老天を箸で摘《つま》み上げ、口に運んで噛みしめる。

何があったのか。どんなことに備えているのか。知る由もないが、平坦な道を歩んでいないことだけは、たしかに見てとれる。

うがち過ぎかもしれないが、蕎麦屋にはそんな客を癒やす役割が与えられている気がしてならない。癒やすどころか、客に緊張を強《し》いるような店ばかりが増えてきたことを危惧《きぐ》する身には、この『籔半』のような店が福音のように思える。

この後の展開は誰にでも予想がつくことだろう。豚もも肉を使った薄いカツは、カツ丼として、これ以上を望むべくもない味わい。蕎麦屋のカツ丼とはかくも旨いものか、と誰もが思うに違いない。

世の蕎麦通よ。早く目を覚ませ。小樽へ足を運べ。そう言いたい気持ちが爆《は》ぜそうになった。

いったいいつから蕎麦屋は「こだわり」を客に押しつけるようになったのか。客側がそれを有難がるようになったのは、はたしていつからだろう。

蕎麦通が邪道扱いするカレー蕎麦やカツ丼。こんな旨いものを食わずして通を語るなかれ。『籔半』という、ただ一軒の蕎麦屋のためだけに、小樽に住んでもいいかナと、本気で考えてしまった。

☆泊まるならここ

『ホテルグレイスリー札幌』【地図B】

小樽にもホテルはあるが、夜の食事を考えると札幌に泊まったほうが何かと好都合だ。さらに小樽への移動をも考慮するなら、極力ＪＲ札幌駅に近いホテルがいい。駅ビルにもホテルはあるのだが、それなりに高価格。気軽に泊まるなら駅の南西、地下鉄さっぽろ駅にもほど近い『ホテルグレイスリー札幌』に限る。アクセスもいいが、部屋の広さも頃合い。

第2章　全国　ご当地麺を求めて

さて、ここからは麺、ごはん、居酒屋とおおまかに分類して、僕の愛するローカルグルメについて語っていきたい。最初は、麺。

日本にはいったい、どれくらいの種類の麺類があるのだろうか。

きっと日本人ほど豊かな麺類のバリエーションを愉しむ国民は他にないだろう。日本人は、中華麺、スパゲッティ、蕎麦、うどん、韓国式麺、と何でも食べる。取り分け、中華麺のバリエーションは凄い。本国をしのぐほどではないかと思う。

いわゆるB級グルメの多くが、この中華風の麺類。中華麺であるのに、焼きそばなどは、いつの間にか日本食のような扱いを受けている。

あるいはスパゲッティ。これもまた日本風のアレンジが際立つ。アルデンテなどとは無縁の世界。スパゲッティもローカルグルメにすんなりと入ってしまう。

昼どきに麺類。これほどふさわしい取り合わせも他にはない。日本各地のご当地麺、意外な土地の名物麺類から名店まで。記憶に残る麺をご紹介しよう。

1．京都『五楽』のカレーラーメン

京都に似合うカレーラーメン

〈カレーラーメン〉が好きだ。

と書いて後、十数秒経ってから少し気になった。

まさかそんな人はいないだろうと思うが、ひょっとして、カレーラーメンの存在を知らない方もおられるのではないか。百人に訊いて、

「カレーラーメン？　そんなの知らない」

と答える人が十六人くらいはおられるかもしれない。簡単に説明しておこう。

とは言え、話は単純である。カレーうどんのラーメンバージョン。スープのベース、具材、麺はほぼラーメンと同じ。そこにカレー粉もしくはカレールウで味をつけたもの。カレーうどんと同じく、麺に味が絡みやすいよう、多くはとろみをつけてある。以上がカレーラーメンの概要、カレー検定二級設問の模範解答である（かもしれない）。

カレーラーメンに限らず、カレーと名がつく食べ物全般、僕はいつでも受け入れ準備はで

きている。カレーなら何でも、毎日でもいい。とすら思ってしまうほどだ。

冬場、我が家の鍋料理中、もっとも頻度が高いのはカレー鍋。蕎麦屋に入って注文するのは二回に一回は〈カレー蕎麦〉もしくは〈カレーうどん〉。カレー専門店には週に二度は足を運ぶ。夏場は〈カツカレー〉、冬には〈カキフライカレー〉が定番。季節を問わず、カレーの匂いに弱い。

と、こういうときのカレーは、「カレー味なら何でもいいか」という程度。ストライクゾーンの広いカレー。たとえば〈カレー蕎麦〉を食べようとして、蕎麦屋が満席なら、カレースタンドでも構わない。逆もまたあり。時には喫茶店のカレーでもいいし、『なか卯』の〈カツカレー〉でも〈あいがけカレー〉〈牛カレーうどん〉でももちろんかまわない。ちなみにこの『なか卯』の〈牛カレーうどん〉はなかなか個性的だ。ひと昔前の〈カレーうどん〉といえばこんな風だった、と思わせる味わいで、だがこれを店で食べようとすれば、かなりその数は限られる。と言うよりほとんど他にはないかもしれない、と思う。とにかく、カレー味なら何でも大丈夫、という日はけっこう多い。

そんなカレーメニューの中で、時折り無性に食べたくなるのが〈カレーラーメン〉。これだけはピンポイント。代わりがきかない。

数あるカレーの中で〈カレーラーメン〉ほど、品書きの中に見つけるのが難しいメニューは他にない（たぶん）。〈カレーライス〉などは言うに及ばず、〈カレーうどん〉もたいていの蕎麦屋の品書きに記されている。近頃ではこれにエスニック系のカレーも加わり、グリーンカレーやレッドカレーだって、洒落《しゃれ》たカフェのメニューに載っている。

しかしながら〈カレーラーメン〉はラーメンと名がついているのに、ラーメン屋でも滅多に見かけることがない。無論その専門店など、僕はまだ見たことがない。どちらかと言えば街場の中華屋さんの、隠れメニューとして存在することが多いようだ。

いささかこじつけめくが、この〈カレーラーメン〉、僕は常々京都にふさわしい麺類だと思っている。

そもそもラーメンもカレーもアジアからの外来料理だが、似たようなものはあっても、日本風のラーメンやカレーは本場にはないと聞く。つまりはラーメンとカレー、どちらも、日本人お得意のアレンジメニューだということ。

建築や宗教、工芸から食に至るまで、外来のそれらを自在にアレンジし、日本独自のスタイルに作り上げるのは元より京都の得意技であること。

以上を考え併せると、インドと中国の料理を足して二で割り、京都流のスパイスを加えてでき上がる〈カレーラーメン〉はいかにも京都らしいメニューではないだろうか。

烏丸上立売《からすまかみだちうり》にある『柳園《りゅうえん》』【地図S51】の〈カレーラーメン〉がその代表。何度か拙著で紹介したが、僕の中で〈カレーラーメン〉と言えばこの店のそれだ。どろりとした濃厚なカレースープに、つるりと喉越しのいいストレート細麺が絡み、堪《たま》らない逸品だ。何よりあぶくが立つほど熱々なのがうれしい。茹で玉子、焼豚、メンマにほうれん草。

充分気をつけたはずなのに、食べ終えると決まってふたつの痕《あと》が残る。白いシャツの黄色い水玉模様と、上あごの内側にできた火傷《やけど》の白いただれ。これをして〈カレーラーメン〉の二大受難と呼ぶ。

ランチタイムにちょうどいい。すぐ近くには『相国寺《しょうこくじ》』があり、少し南に歩けば『京都御苑』がある。京都観光の合間に食べる〈カレーラーメン〉も存外オツなものである。

もう一軒のお気に入りは烏丸三条東、ビルの二階にある『ひゃくてんまんてん』【地図S52】。こちらはラーメン屋さんのようなカレーショップ。カレーショップのようなラーメン屋さん。どちらにも見える。ラーメンとカレー、そして定食。三本立てメニューの店。

烏丸三条界隈《かいわい》は、近年オシャレな店が建ち並ぶようになり、そのせいか客層も若い。したがってボリュームも少なくはない。

『柳園』と比べると、よりラーメン屋さんに近い味。〈カレーラーメン〉といって、誰もが思い浮かべるのはこんな味わいだろうと思わせる。

〈カレーラーメン〉と〈カレーライス〉を一緒に食べる猛者《もさ》もいるが、オジサンは飲んだ後の〆に食べるのがいい。『ホテルモントレ京都』や『ハートンホテル京都』など、烏丸御池近辺のホテルに泊まったなら、飲んだ帰りに立ち寄ってみたい。日曜祝日以外は日付が変わる時間近くまで店を開けている。

京都駅南側グルメ

今回のテーマ。本題はここからである。

京都の街は北と南、ＪＲ京都駅で分断されている。以前からその傾向はあったが、京都駅ビルが新しくなってから、一段とそれが顕著になった。

言うまでもなく駅から北側は、京都の市街地として観光客で大いににぎわっている。

他方、駅の南側はと言えば、これが信じられないほどに閑散としていて、およそ観光都市京都とは思えないような、寂《さび》れた空気を漂わせている。

が、それは見方を変えれば、観光地化されていない分、素顔の京都を垣間見ることができる、貴重な場所だとも言える。

京都に生まれ育って、暦が一回りもするような歳になった僕には、厚化粧どころか、整形美人のような街並みより、古き良き昭和の時代を色濃く留めるような、こんな界隈にこそ、魅力を感じてしまう。

今の京都にとって、観光が重要な産業であることは僕にもよく分かる。多くの観光客が訪れることによってのみ、京都が京都たりうるのだと充分理解しているつもりだ。が、それにしても、駅の南側を置き去りにしてしまう大義名分はいったい何なのだろうと思う。

逆に言えば、幸甚でもある。時間が止まったような店が、こんな場所に残されているのだから。

店の名は『五楽《ごらく》』【地図R㊽】。赤い暖簾のかかる、しごくありふれた中華料理店だ。品書きの最初に餃子があり、ラーメンや焼飯、酢豚などが並ぶ市井《しせい》の店。

アルミの引き戸はいつも一枚分開け放してある。夏場などエアコンの冷気が逃げていきそうで、ついつい閉めたくなるが、これがこの店の流儀。戸の開け閉めはご法度《はっと》のようだ。

店に入る。『餃子の王将』のように威勢のいい声で迎えられはしない。聞こえるか聞こえないかのささやき「いらっしゃい」。

この店で初めて食べたのは〈揚げそば〉六百四十円。

年季の入った厨房を囲むカウンター席の端っこに座って、料理を待った。

老人の仲間入りを果たしたばかり、そんな白髪の主人が目を凝らし、中華鍋を振る。ふたりの女性が、それを補助する。家族だろうか。てきぱきと立ち働いている。今どきの店にありがちな無駄口は、互いに一切たたかない。

豚肉と野菜を炒め、とろみをつけた餡《あん》に溶き玉子を落とすのが新鮮だった。店の構えと違って、淡白な味わいが意外である。値段からいって、無化調《むかちょう》はあり得ないだろうが、後口のしつこさ、舌のしびれはなかった。

『五楽』のたたずまい

ことさらに化学調味料を敵視する傾向が目立つ昨今、僕はそれほど気にかけることはない。子どもの頃には必ずテーブルの上に、赤い帽子をかぶった『味の素』の小瓶が鎮座《ちんざ》し、漬物はもちろん、いろんな料理に振りかけて食べた記憶が鮮明に残っているからかもしれない。

ぱらりとかければ、どんなものでも劇的に味が変化する、まさに魔法の調味料だと思った。ときにはこれだけを掌《てのひら》に取って、舌の上に載せて母親に叱られたこともあった。だがそれは健康を気遣ってというより、高価なものを無駄に食べるな、という戒《いまし》めだったような気がする。

中国には「井戸を掘った人のことは忘れない」という言葉があるそうだ。今こうして美味しい水を飲めるのも、井戸を掘ってくれた人がいたからだ。恩義を忘れてはいけない。そんな意。僕が今、化学調味料を毛嫌いしない所以《ゆえん》である。

裏メニュー、チャーシューカレーラーメン

さて、本題の〈カレーラーメン〉を注文したのは、三度目に暖簾を潜った昼どきだった。定番メニューの中にはなく、壁に貼られた品書きだったので最初は気づかなかったのだ。マジックで書かれた手書きのメニューには四百五十円とある。いくら何でも安過ぎる。素ラーメンかもしれないが、それほど馴染みではない客が、どんな具が入っているのかと訊くわけにもいかない。そんな店の空気を押し切って、〈チャーシューカレーラーメン〉にできるかどうかを訊ねると、あっさり主人がうなずいた。

ややあって、運んできたのは若いほうの女性。ちゃんと後ろに回って料理をカウンターに置く。行儀がいいのだ。

見た目には普通の〈チャーシューメン〉だ。

『柳園』も『ひゃくてんまんてん』も、いやそれだけではなく地方のラーメン屋で食べた〈カレーラーメン〉も、どれもがスープはどろりと濁っていた。なのにどうだ。この『五楽』の〈カレーラーメン〉はスープがきれいに澄んでいる。

『五楽』の〈チャーシューカレーラーメン〉

意表を突かれた。思いがけないものに出会ったとき、必ずそうするように、僕はあわてて写真を撮った。湯気からかすかにカレーの香りが漂ってくる。急いでカメラを片づけ、レンゲを持ってまずはスープを掬《すく》って口に運んだ。
至極当たり前のことだが、ラーメンのスープにカレー粉を振り入れると、こんな味わいになるのだろうか。味はラーメン、香りはカレーという不思議な一品に仕上がっている。
〈チャーシューカレーラーメン〉と注文しただけあって、どっさり焼豚が入っている。切手二枚を合わせたほどの焼豚が、軽く十枚以上は入っている。六百三十円は破格の安さだ（と、別の日に同じ〈チャーシューカレーラーメン〉を食べたら五百八十円だった。この辺りの大雑把《おおざっぱ》さもいい。裏メニューなのだから、その日の主人の気分次第）。もやし、メンマ、ネギ。まさに普通のラーメンと同じ。あっさりとした中華そばなのに、カレーの香りが鼻先をくすぐる。初めての味わいは胸を弾ませ、かつて食べたものと重ねようとする。

ふと思い出したのは、札幌で食べた〈スープカレー〉。

札幌は円山公園近くの『マタレー』【地図B❹】で食べた〈スープカレー〉から具を取り出し、さらにスープを漉《こ》し、中華麺を加えればこんな味になるのではないだろうか、と。さらさらと食べる〈カレーラーメン〉は初めての味。いや、待てよ。どこかこれと似た〈カレーラーメン〉を食べたような記憶が……。

歳を重ねると、思い出すまでに時間がかかる。やっと記憶がよみがえった。駅の立ち食いラーメン。

九州は小倉駅の五番ホーム、鹿児島本線だったと記憶する【地図a㊸】。駅の立ち食いが蕎麦ではなく、ラーメンなのも珍しいと思ったが、メニューに〈カレーラーメン〉まであったので、ついうれしくなって食べたのだった。

とんこつラーメンにカレー粉を入れた味だった。醤油ととんこつの違いはあれど、ラーメンスープにカレー粉を加えたシンプルな味という点では共通点がある。

いつも〈カレーラーメン〉と合わせるのは白ごはんだ。カレーの絡んだ麺やチャーシューを白いごはんに載せて食べると二度美味しい。さらには麺を食べ終えて、鉢に残ったカレースープに、どさっとごはんを投げ入れて、かき混ぜてから食べるのも好きだ。

カレーに合うのは麺か飯か。この命題だけで一冊本が書けそうな気がする（誰も読んでくれないだろうが）ほど悩ましい選択である。

と、もうひとつ。カレーに関して悩ましきはその温度である。とにかく熱々で食べたいというのが、麺、飯どちらにも通じる大前提なのだが、猫舌の若者が増えたせいか、温《ぬる》いカレーに出会うことが少なくないのは由々《ゆゆ》しき問題である。

博多には〈焼きカレー〉という料理があり、博多バスターミナルにある『伽哩本舗《カリイホンポ》』【地図外㊷】では、火傷必至の熱々カレーがグラタン皿に載って出てくる。カレーショップ各位はぜひこれを見習ってほしい。熱々ごはんと熱々カレー。ごはんがカレーを呼び、カレーもまたごはんを呼ぶ。これがカレーの醍醐味。

だが『五楽』は違った。ごはんが要らないのだ。あっさり味なのでラーメンだけで充分満足する。スープを飲み干しても、白ごはんを呼ばない。

最近これに近い味わいだったのが『ちゃんぽん亭総本家』【地図外㊶】の〈近江ちゃんぽん〉。滋賀県代表のB級グルメとして広く知られる店だが、ここの〈カレーちゃんぽん〉もまた、ごはんを呼ばない、あっさりした味わいだ。長崎ちゃんぽんほどには濃厚な味でなく、どちらかといえばタンメンに近いスープにカレー味がよく合う。『五楽』もそれに近い。

今風の言葉で言えば、最近すっかり『五楽』にハマっている。

通年食べられる〈冷麺〉六百五十円。こんもり丸く盛られた〈焼飯〉四百円。唐揚げと甘酢玉子、焼豚がおかずになった〈特別定食〉六百五十円。どれも旨かった。気になっているのに、まだ食べていなかったメニューが〈カツ定食〉六百八十円と〈オムライス〉五百五十円だ。どちらも普通の中華屋さんにはないメニューなので、店の赤い暖簾を潜るとき、まったく頭にないからである。中華、中華とお腹に促されて店に入り、カツやオムライスという洋食メニューを頼むには、それ相応の覚悟が要る。まだまだ未熟な僕は、そこまで腹を据えることができずにいたのだ。

店の不思議と、オムライスにはラー油

行列ができたりは決してしないが、いつもそこそこの客が入っている。時分どきともなれば常連が次々暖簾を潜るが、満席にまではならない。目立つ場所ではないのに、ふらりと入ってくる一見客《いちげんきやく》も少なくないが、主人と親しく会話を交わすような常連客ともあまり出会わない。これまで僕が出会ったことのない、不思議な店の有り様だ。

さて、この店にはもうひとつ不思議がある。

外観からして、女性ひとりでは入り辛《づら》そうな店。何度もこの店を訪ねたが、女性客の姿を見かけたのはただの一度だけ。〈酢豚定食〉を食べた後、旨そうに紫煙をくゆらす、そんな年輩の女性だった。であるのに、なぜか店の奥には、ある熟年女性タレントのサイン色紙が飾ってある。黄門さまのお供をして入浴シーンを披露していた、あの女性だ。

一度だけ僕も件の女性と酒席をご一緒したことがあるので、健啖家《けんたんか》であることは承知している。それにしても……。いったいどういう状況で、この店に来たのだろうか。色紙を見るたび、店内を見回して不思議に思う。

地方のラーメン屋に行くと、壁一面に有名タレントの色紙を貼りまくっている下品な店があるが、『五楽』はそんな店とは一線を画している。客からは見えない壁に数枚貼り、カウ

ンター席から見える場所に、ごく控えめに、この一枚がそっと貼ってあるのである。
日曜祝日は休みになるが、平日は朝十時半から夜八時までの通し営業だから、時分どきを外したときにも便利。新幹線の改札口まで五分とかからないので、京都旅の行き帰りにもおすすめ。

と、ここまで書いた後、どうしても気になったので、土曜日の昼に赤い暖簾を潜り、決然と〈オムライス〉を注文した。

街場の中華屋さんでオムライス。滅多にないメニューはしかし、思ったほど意外性はなかった。

調理風景をつぶさに眺めた。最初は焼飯と同じ。熱した中華鍋にごはんと具材を入れ、大きく鍋を振って炒める。瓶に入ったケチャップを軽く入れて味を調える。それを取り出し皿に盛る。薄焼き玉子を作る。あっという間だ。それをごはんにかぶせてケチャップをかける。添えられたスープは焼飯と同じ。

レンゲで食べるオムライス。しごく普通の味なのだが、食べるうち、どこか違う。やはりなんとなく焼飯っぽい味がしてくるのだ。合いの手のスープが存外よく合うのにも驚いた。

このまま終わったのではつまらない。

　この店のカウンターには湯呑み茶碗に入った自家製ラー油が置かれている。唐辛子がたっぷり入ってレンゲが浸かっている。辛いもの好きの僕はいつもこれをスープに入れている。〈カレーラーメン〉にも、〈あんかけ焼きそば〉にもかけ入れる。ときには〈焼飯〉にもちょいと載せたりする。これをどうするか。〈オムライス〉のケチャップに混ぜようと思いついたのだ。

　いやはやなんとも。これが旨い。ケチャップとラー油は実によく合う。これまで僕はケチャップにはタバスコと決めつけてきたが、これからはラー油も選択肢に入れねばなるまい。別段この店のものでなくてもいい。ご家庭でオムライスを作られたなら、ぜひラー油をかけてみてほしい。いっときすごく流行った食べるラー油なんかも面白い味になるかもしれない。

　スパイシーなオムライス。まさかそこまで計算していたのか？　と店主の顔を見ると、何事もなかったかのように、あくびをかみ殺して唐揚げを揚げていた。

　ちなみに、どうしてこの店を見つけたか。まったくの偶然である。歩いていて前を通りかかっただけ。最近僕が逗留《とうりゅう》している『ダイワロイネットホテル 京都八条口』のすぐ目の前にあっただけのこと。有名店でもなければ、口コミで話題になっているのでもない。ではあるが、直感的に旨そうだと感じたからだ。

僕が店を見つけるときのコツ。

1　まず気にかける

2　様子を探る

3　思い切って入ってみる

と、このスリーステップを踏まないと、旨いものにはありつけない。グルメサイトや食通ブログに頼り過ぎると発見の愉しみを得ることはできない。1から3までの段階を経て、やっと美味しい店に出会える。

☆泊まるならここ

『ダイワロイネットホテル　京都八条口』【地図R】

最近、京都にいるときはほとんどこのホテルに泊まり込んで原稿を書いている。お気に入りのホテル。まず場所が便利。京都駅の八条口から歩いて四分。ほとんどの部屋からの眺めがいい。四方が開けているので、客室から京都市内のいろんな角度が見渡せる。部屋の広さがちょうどいい。広過ぎず狭過ぎず。スタッフの応対が心地いい。ビジネスホテルにありがちな作り笑顔ではなく、心のこもった接客は好感が持てる。コストパフォーマンスも高く、朝食も手作り感があって美味しい。

2. 名古屋〈駅きしめん〉と〈あんかけスパゲッティ〉

名古屋駅十番ホームのきしめん

駅の立ち食い蕎麦を好ましく思っている。

などと、ちょっと上から目線で言ってみた。

著名人のブログなどを見ると、時折りそういう書き込みに出会う。

——前夜、東京のグランメゾンで高級フレンチとビンテージワインに酔いしれた翌日、仕事で訪れた信州の駅で立ち食い蕎麦を食べた。——

(どう?　わたしってけっこう庶民派でしょ?)

そんな匂いをプンプンさせるブログ。よく見かけるパターンだ。

ブログというものは、書き込んでいる本人が知らないうちに本性を表してしまうことが少なくない。

最近でいえば震災ボランティア。

こぞって被災地に赴き、ボランティア活動に精を出す様子をつぶさにブログで報告する。が、その翌日には東京に戻って贅沢極まりないディナーに舌鼓を打っている。

別段それが悪いと思うわけではない。だが、どこかに、わだかまりができてしまうのも事実だ。

うがった見方かもしれないが、普段こんなにゴージャスな暮らしをしているわたしが、被災地でボランティアをしている。どう？ 素敵でしょ？ と写真が語っている。

似たような話。

本当に食べたのかどうかは不明だが、たしかにホームの立ち食い蕎麦の鉢を手に持つ写真がブログにアップされている。

——かき揚げ蕎麦が四百三十円！ 安過ぎる！ 信じられないお値段。でもお蕎麦は袋入りの冷凍麺（笑）——

そんな言葉が写真につけ加えられている。最近ではツイッター。リアルタイムに伝えてくれる。

駅の立ち食い蕎麦というのは、そういうポジションではない。つい大声で叫びたくなってしまう。

同じようなファストフードに見えて、牛丼屋、ハンバーガーチェーンとは、どこか異なる空気を湛《たた》えているのが、駅の立ち食い蕎麦である。

駅とは人が行き交う場所である。出会いがあり、別れもある場所。そのホームの片隅にひっそりと佇む店はきっと、多くのドラマを見てきたに違いない。

旅の始まりだったり、締めくくりだったりもする。時には中休み。駅の立ち食い蕎麦は、旅の句読点でもある。

鉄道の関連会社やチェーン店が幅を利かせているので、マニュアル通りに運営されているのかと思いきや、意外とそうでもなく、その店独自の個性を発揮したりするから駅蕎麦は愉しい。

僕が一番よく利用するのは、言うまでもなくJR京都駅のそれ。中でも二、三番線。琵琶湖線、湖西線ホームにある『麺家 京都上がも』【地図R㊾】。京都から草津のホテルへ通う。ここしばらくの習慣。この路線は時折り遅延するので、時間待ちには格好の虫養いになる。

さて何を食べようか。

券売機の前に立つと、迷いが吹っ切れる。たいていは〈カレー蕎麦〉。

うどん屋で食べるそれと違って、餡かけではない。レトルトっぽいカレーを少量の出汁で薄めて、温めた蕎麦にかけたもの。これはまた、これで旨い。残りもののカレーを利用するときの、あの遣る瀬《やせ》ない空気がいい。これに似た〈カレーうどん〉は牛丼チェーンの『なか卯』でも食べられる。

出汁にカレー粉を混ぜ、葛《くず》でとろみをつけたものも好きだが、ざっくりとした、このカレー載せも悪くない。天かすをたっぷり振りかけて食べると、至福の味わい。ホームの立ち食い蕎麦は独自の道を歩んでいる。

JR。在来線には多く立ち食い蕎麦店が存在するが、新幹線となると数えるほどしかない。少なくとも京都駅のホームでは見かけない。

よく知られているのは名古屋駅。駅蕎麦ならぬ、駅きしめんだ【地図M㊱】。

駅蕎麦通に言わせると、ホームによって微妙に味が違うのだそうだ。が、それは旅気分の違いではないかとも思う。ひっきりなしに列車が行き交い、大勢の乗降客で混雑する新幹線ホームと、たまにしか電車が来ない在来線では、辺りに漂う空気が異なる。

新幹線ホームのそれは一度きりしか食べていないが、十番ホームのきしめんは何度も食べている。

京都から松本、長野へ向かうときは、新幹線と在来線を名古屋で乗り継ぐ。名古屋からの

名古屋駅名物、〈えび天入りきしめん〉

『ワイドビューしなの』は一時間に一本しかない。自然と待ち時間ができる。いや、僕の場合は作ることも少なくない。

ホームの端っこ一号車、先頭車両近くの店。券売機方式。

京都駅をはじめ、多くの駅蕎麦が店外に券売機を設置しているが、ここは店の中に券売機がある。それには少し理由《わけ》があるようだ。

十番線にはすでに『ワイドビューしなの』が入線している。発車まで数分しかない。という状況の中で券売機の前に立ったことがあった。

と、麺を茹でる白衣姿のオバチャンから声がかかる。

「しなのに乗るんだったら、天ぷら以外にして。時間かかるから」

とアドバイスしてくれる。どうやら天ぷらは揚げ立てを出すようだ。

これがもし店外の券売機ならこうはいかない。天ぷらが揚がるのを待っているうちに列車が発車してしまう、なんていうアクシデントだって起こり得るわけだ。

ということは、発車十五分前くらいがちょうどいい。食べ終えてから長い時間待つのも辛いからである。発車時間まで余裕があるときに頼むのは〈かき揚げきしめん〉五百円。もしくは〈えび天入りきしめん〉五百五十円。急ぐときは素の〈きしめん〉三百四十円。どれを食べても実に美味しい。

うどんとも違い、ましてや蕎麦とはまったく異なる歯応えを愉しみ、淡い出汁の味わいにほっこりと心を和ませる。信州へと向かう心をここで整える。

駅のアナウンスが聞こえる。ホームのベンチで居眠りしている老人がいる。大きなキャリーバッグを転がしながら、きっぷを確かめる若い女性が番号札を見上げている。

駅ならではの光景が、きしめんをより美味しくしている。

『カトレヤ』の〈あんかけスパゲッティ〉

きしめんや味噌カツほどにメジャーではないが、あんかけスパゲッティもまた名古屋めしの代表選手。これ、実は僕の好物にも入っている。

スパゲッティは名古屋独自の発展を遂げている。例によって一筋縄ではいかない。スパゲッティの茹で加減を表現する〈アルデンテ〉などどこ吹く風。茹でたスパゲッティを炒めるなど当然のこと。

溶き玉子を流し入れた鉄板に載せたスパゲッティは一世を風靡《ふうび》した。炒めてナンボのスパゲッティは今、あんかけスパゲッティとして名古屋人の舌を喜ばせている。

『カトレヤ』の〈あんかけスパ〉

元祖、本家いろいろある中で、僕の気に入りは地下街の喫茶店。『カトレヤ』【地図M㊲】の〈あんかけスパゲッティ〉が妙に気に入っている。

あんかけの餡。これも謎だ。ミートソースでもなければトマトソースでもない。甘くなく辛くなく。多くの店がスパゲッティを覆《おお》い尽くすように餡をかけるのに、この店は控えめなのがうれしい。

直径二・二ミリが名古屋スパゲッティだという。太い。焼きそばだとしてもかなりの太麺だ。ゆえに食べ応えがある。これが名古屋めしの要諦《ようてい》。しっかりと食べた感を残してこその名古屋めし。

喫茶店なのに、昼どきは全員がメシを食っているのも名古屋らしい。カツカレー、ハンバーグ、エビフライ、がつがつと食べる姿が好ましい。〈あんかけスパゲッティ〉をオーダーすると、フォークとスプーンがセットされる。と、大方は、スパゲッティをフォークで丸めるのにスプーンを使うのか、と思われるだろうが、まったくの的外れ。スプーンはタレというか、ソースを掬って食べるためにある。

スプーンにスパゲッティを載せて、それをフォークで巻き取るのは、口に入れたときに下品な音をさせないためだそうだ。蕎麦を啜《すす》り慣れている日本人は、ついついスパゲッティもずるずると音を立てて食べてしまいがち。

西洋ではスパゲッティはもちろん、食べるときに音を立ててはいけないのが決まりとなっている。多くの日本人はそれに合わせようとするが、独自の道を歩む名古屋人は、つゆほども気にかける様子はない。

ずるずるとスパゲッティを啜るために、あんかけスパゲッティを編み出したのではないか、そう思えるほどに、誰もが見事に音を立てながらスパゲッティを啜っている。

和風ではないが、かと言って洋風でもない。案外中華風に近いかもしれない。それくらい曖昧《あいまい》な味つけ。スパゲッティより焼きそばのほうが、ネーミングとしてはふさわしい気がする。

それにしても名古屋めし。少しく〈ハズす〉ことに眼目を置いているのかもしれない。古くフォークの背にライスを載せて食べるような、半端な食文化を笑い飛ばすために編み出されたのかもしれない。つまり、名古屋めしは、信長のマントのようなものではあるまいか。派手なこけおどしのつもりが、意外と様になっている。

ずるずるとあんかけスパゲッティを啜りながら、周りを見るとほぼ全員が食後の煙草を満喫していた。

元祖の味「ヨコイのミラカン」

そもそも、あんかけスパゲッティなどという食べ物に、元祖だとか本家と呼ばれるような店があるのだろうか、という僕の問いに答えて、古くからの友人曰《いわ》く、「そりゃあ、ヨコイのミラカンだわさ」。

謎めいた言葉を返してきた。ヨコイ、ミラカン。いかにも名古屋っぽい言葉を解く鍵は、意外にも名古屋名物「テレビ塔」近くで簡単に見つかった。

名古屋の街を歩き、道行く人に訊ねれば、「ヨコイの……」と言いかけるとすぐ、懇切《こんせつ》丁寧に教えてくれたからである。

店の名は『スパゲッティハウス　ヨコイ錦《にしき》店』【地図M㊳】。ビルの一階にあって、一見すると、やる気のない喫茶店風の構えだ。店に入っても尚《なお》、その印象は大きく変わらない。昭和の終わり頃、こんな喫茶店はあちこちにあった。

さて次は〈ミラカン〉。これもまた至極あっさり謎が解けた。メニューを開くと、二十種類以上も並ぶスパゲッティメニューの中で、真っ先に〈ミラカン〉とあったのだ。

カウンターの中でフライパンを振るシェフの手が空いた瞬間を狙って訊いてみた。

「ミラカンって、どういう意味ですか？」

「ミラネーゼとカントリーの両方を合わせてミラカン」

なるほど。至極名古屋らしい話。当然のこととして〈ミラカン〉を注文しようとして、数字が三つ並んでいるのに気づいた。量によって値段が違う。普通盛りが1。大盛りが1・5。その中間に1・2とあるのがおもしろい。ちょっと控えめな大盛りといったところ。

普通盛り九百円也を注文。僕にはこれでも結構なボリュームだ。ウィンナー、玉ねぎ、ベーコン、ピーマンなど具の種類といい、上にどっさりかかった餡ソースの味といい、『カトレヤ』のそれとよく似ている。きっとこれが、あんかけスパゲッティのスタンダードなのだろう。

さて、その元祖の味は。

オジサンたちはきっと大好きだろう。味がくっきり、はっきりしている。一度食べたら一生忘れないだろう味。麺の太さも半端ではなく、濃密な味わいもいささかの揺るぎもない。世論調査をすればきっと、真っ二つに分かれるに違いない。好きか嫌いか。どちらとも言えない、という答えはゼロに近い筈《はず》だ。

僕は好き派。だが、クセになるかと言えば、そうでもないような気がする。

あんかけスパだけではない。鰻のひつまぶし、味噌カツ、手羽先も、どれもが一度食べると満足する味なのである。一度で満足感が得られる。後腐《あとくさ》れがない、という言い方もヘンか。一度も食べたことがないという方には、強くおすすめする名古屋グルメ。二度目からの判断は各自に委ねることとする。

☆泊まるならここ

『名古屋マリオットアソシアホテル』【地図M】

駅の真上にあるホテルだから、アクセス至便はこの上ない。しかも高層ホテルだから、見晴らしも良く、部屋も広々としている、と、なれば当然ながら値段はそれなりのもの。

それでもやはり、泊まれば納得する。時折り宿泊サイトで大幅なディスカウント価格が出るので、そのときが狙い目。

3．近江長浜〈のっぺいうどん〉と〈イタリアン〉

北国街道の名物麺

近江長浜は名物の多い土地である。以前『おひとり京都の秋』（光文社新書）でご紹介した『翼果楼《よかろう》』【地図N㊷】の〈焼き鯖《さば》そうめん〉などがその代表だが、他にも『鳥喜多』の〈親子丼〉も行列のできる味として、広く県内外からの客を集めることで知られているし、『こめ治』の〈箱寿司〉もファンが多く存在している。

それには少しく訳があって、それはこの近江長浜という地が街道の要衝《ようしょう》にあったということである。東山道、北国街道は言うに及ばず、東海道からも近く、多くの旅人が行き交い、様々な食文化を伝えていったのだろう。

焼き鯖などがその典型だが、多くは北からもたらされた。みちのくから越後、越中、越前を経て伝わったであろう食。ここで紹介する〈のっぺいうどん〉もそうだろう。

信濃《しなの》地方を中心として、日本各地に伝わる郷土料理に〈のっぺい汁〉というものがある。野菜の残渣《ざんさ》をごま油で炒めた後、出汁で煮た食べ物を言うのだが、無論その土地によって、味つけや食材、料理法が少しずつ異なる。すべてではないものの、片栗粉や葛《くず》粉でとろみをつけるのが一般的である。

一方、新潟や奈良に伝わる料理に〈のっぺ〉と呼ばれるものがある。これはサトイモや鶏肉、こんにゃく、ニンジン、筍《たけのこ》などを煮合わせたもの。汁は少なく、葛でとろみをつけることもない。が、サトイモによって自然ととろみがつくものでもある。

『翼果楼』の焼き鯖そうめん

〈のっぺい汁〉と〈のっぺ〉。どちらも野菜を煮たものが主体となり、かつ、とろみを帯びたもの。

信州発の〈のっぺい汁〉と越後発の〈のっぺ〉が合わさって、近江長浜で〈のっぺいうどん〉になったというのが、僕の説である。根拠などまったくなく、学術的に検証したわけでもなく、例によって、ただの思いつきである。ではあるが、相当に真実に迫っていると確信を持ってはいる。

店の名は『茂美志や』【地図N㊸】。場所は北国街道から大手門通りへ入ってしばらく行った辺り。古民家をリノベーションした店。

いつも僕は二階へ上る。この古い階段が好きなのだ。

あれこれ組み合わせたセットメニューもあるが、僕は決まって〈のっぺいうどん〉単品九百八十円。これが一番いい。

絣の座布団に座って待つ。在りし日の北国街道では、どんな旅人が、何を想ってこの長浜に滞在したのだろう。昔言葉のざわめきが聴こえてきそうな情緒ある店の佇まいが好きだ。

実は、京都に暮らしていれば〈のっぺいうどん〉は、さして珍しいものではない。冬場、うどん屋に入れば多くがこれを食べている。底冷えの京都では、葛でとろみをつけたものは身体《からだ》を芯から温めてくれる料理として、重宝されている。蕪蒸《かぶらむ》しを始め、ナントカの餡かけは、冬の割烹には欠かせない品書きだ。

やがて届いたのは、両手にも余るほどの大きなうどん鉢。うどんが見えないほどに、たっぷりと餡がかかっている。その中からうどんを掘り出す。餡が絡まり箸が重い。持ち重りするうどん鉢に手がくたびれる。

いくらか甘みが勝った出汁も、のっぺいならでは。葛のとろみに甘みは欠かせない。

湯葉、蒲鉾《かまぼこ》、三つ葉、そして椎茸。この店の売りは、なんといってもこの椎茸だ。とにかく大きくて重い。のっぺいには重さがつきものなのだ。

戻した干し椎茸を甘辛く煮たものは、京都でも〈のっぺいうどん〉には不可欠な具である。が、ここまで大きいものはなかなか見かけない。日本一の親子丼で知られる京都は祇園『権兵衛』とて、ここまで大きくはない。別段大きいからいいというものでもないが、巨大な椎茸を見て、誰もがにんまりとする。到底ひと口で噛み切ることなどできずに、多くが苦笑いしながら鉢に戻す。

とろみ餡におろし生姜がとてもよく合う。と言うよりも、もしもこのおろし生姜がなければ、味わいは半減するに違いない。出汁のきいた餡と生姜はベストマッチ。

冬はもちろん、夏でもこの餡かけは旨い。そして何より充足感がある。とろみがあることによって、ボリュームが増し、食べ終えての満足感が大きい。

『茂美志や』名物のっぺいうどん

新潟ローカル〈イタリアン〉が長浜に⁉

近江長浜に伝わる麺文化はこれだけで終わらない。〈のっぺ〉と同じく新潟経由のあるローカルグルメがここ長浜に伝わっている。

新潟を代表するローカルグルメに〈イタリアン〉がある。スパゲッティのようなネーミングでありながら、実は焼きそばに近いもので、いわゆるB級グルメとしてよく話題に上るが、新潟を越えて広がることのない、ディープな存在でもある。

今から十年以上も前になるのだろうか。新潟を取材で訪れて、地元の商工会の方から強くすすめられ、食べてみたのが僕と〈イタリアン〉の出会いである。当時は今のようにB級グルメなる言葉もなく、地元密着型メニューなどという括《くく》り方をしていた。

「美味しいでしょ？」と迫られて、答えに窮《きゅう》したことを覚えている。

不味いとは思わなかったが、かといって、また食べたいかと問われれば、深く考え込んでしまう。そんな食べ物だった。店の名は『みかづき』と言い、チェーン店だったと記憶する。

麺はスパゲッティというより、圧倒的に焼きそばに近い。その上にトマトソース、あるいはミートソース、時にはホワイトソースをかける。これを総称して〈イタリアン〉。随分と大雑把、かつ強引なネーミングである。

特段、記憶に残ることもなかったその〈イタリアン〉と、近江長浜で十数年ぶりに再会した。まさしく偶然の出会い。

長浜を散策し、『鳥喜多』の〈親子丼〉を堪能した後、寺を巡ろうとしていたときに偶然通りかかったのが『茶しん』【地図N㊹】。駅前通りを歩き、『一心寺』から『妙法寺』へと辿る道すがら、最初に目に入ったのは怪しげなブロンズ像である。裸の女性が膝を曲げ、身体をくねらす像。街歩きをしていると、ときたまこの手の像に出会う。誰が何のために建てたのかは分からないが、たいていタイトルがついている。名古屋のテレビ塔近くの公園の像には〈萌姿〉とあったが、『茶しん』の角に立つそれには〈大地〉と記されていた。

次に目に入ったのは〈ホワイト餃子〉の文字。取り立てて好きな餃子ではないが、まさか長浜にあるとは思わず、気になって立ち止まると、日焼けしたテントに〈ホワイト餃子〉と並んで〈イタリアン焼きそば〉とあるではないか。並べて書いてあるところを見ると、きっとあの新潟発の〈イタリアン〉に違いない。入口横のガラスのショーケースには懐かしや、〈イタリアン〉のサンプルが〈ホワイト餃子〉と並んでいる。まさか、に次ぐまさかである。

こうなれば入るしかない。親子丼はまだ消化し切れていないが、次に長浜へ来る機会もそう近くはないと思えば、自然と戸に手をかけている。

メニューは豊富。ラーメン、とんかつ、焼飯、カツ丼まである。〈イタリアン焼きそば〉は並が五百円。が、写真を見ると結構なボリューム。食べ切れるかどうか、と悩んでいると、テイクアウトできるとあり、一瞬にして救われた気分。

楕円形の発泡スチロールに入ったそれはまだ温かい。〈ホワイト餃子〉は冷凍の生なら二十個で五百五十円とかなり安くなるが、焼き方が難しそうなので、焼き餃子十個四百円を注文。ホテルの部屋で夕食として食べることにした。

どちらも長い時を経て、初めて食べた当時のことをあれこれ思い出しながら食べた。それほど美味しいとは思っていなかったが、こうして改めて味わってみると、個性的な食べ物で、クセになる、とまではいかないが、時々なら食べてもいいな、と思う味だ。

レンジで温め直したせいか、〈ホワイト餃子〉のほうは幾分、油っぽく感じたが、〈イタリアン焼きそば〉は、新潟で食べたのとはかなり違っていて、存外さっぱりした後味だった。焼きそばは普通の焼きそばで、上にかかったミートソースは和風に近い味わい。トッピングされているのは青海苔と生姜。何とも不思議な取り合わせだが、これが意外に利く。

つぶさに調べてみたわけではないが、〈イタリアン焼きそば〉も〈ホワイト餃子〉も、関西では、ここでしか食べられないのではないだろうか。

それがここ近江長浜の、しかも少しく街外れの店であることがおもしろい。北国街道と何か関連があるのだろうか。そんなこんなに思いを馳せるのもローカルグルメの愉しみである。

☆泊まるならここ

『北ビワコホテルグラッツィエ』【地図N】

長浜駅の南。海沿いに建っていて、ちょっとしたリゾートホテル気分が味わえる。和洋中のレストランも備わり、ビジネスホテルとはひと味違う。シングルルームもあるので、ひとり旅にもいい。最上階のジャグジーバスは眺めもよく、琵琶湖リゾートとしてもおすすめできる。

4．熊本の〈太平燕〉――『紅蘭亭』

「本場」はどうも怪しい

ラーメンといって、北か南かと問われれば、僕はおおむね南派だ。

ちぢれ麺に味噌、という札幌も、平べったい麺がもそりとする喜多方もどちらかといえば苦手の部類に入る。

博多の細麺、鹿児島の濃厚なスープ。どちらも好きだ。昔から僕は、九州ラーメンとは相性がいい。ハズレの店に出くわしたことがない。中でも熊本ラーメン。京都にもいくつか店があって、何度も足を運び、都度満足している。

が、北のラーメンでは何度も痛い目に遭《あ》っている。

札幌のラーメン横丁で撃沈したのが、そもそもケチのつき始め。すすきのでの深夜の大行列に閉口し、旭川のぬるいツケ麺に辟易し、喜多方ではその値段の高さに腹を立てた。

が、近年少しその様相が変わってきた。時折り相思相愛になりそうな店が出てきたのである。

まずは札幌にある旭川ラーメンの店『ハラガヘッタラ 永坊《えいぼう》』【地図B❺】。

例によって鮨屋での話。札幌での馴染み店『○鮨』で、隣の客とラーメンの話になった。

僕が旭川ラーメンのくどさを語り続けていたのに、我慢がならなかったのだろう。表に出ろ、とまでは言わなかったが、この店に行って食べてみろ、と言われた。それが『永坊』なる店。『○鮨』の太っちょのおやじさんは、こういうときに参戦してこない。知らんぷりを決め込んで、他の客の鮨を黙々と握り続けている。

売られたけんかは買わねばならぬ。九時には閉店すると聞いて、勘定を済ませ、慌てて円山に向かった。

これがアタリだった。本場旭川よりも旨い！　と言えばまたけんかになるかもしれないが、少なくとも旭川の名店と呼ばれる『H本店』よりは、うんと美味しい。とまれ、ラーメンなどというものは、まったくの嗜好品だから、その好みは千差万別だろうし、何よりその地に深く根づいた味というのは、思い入れのあるなしで評価が違ってくるものだ。

〈正油ラーメン〉六百五十円という値段も正しい。札幌風にアレンジしてあるのかもしれないが、これが旭川ラーメンだと僕には思えた。

それからしばらく経って後、雑誌の鮨取材で札幌を訪れた際、たまたま行列が途切れて、待たずに食べることができた『けやき』【地図B❻】の味噌ラーメンは殊《こと》の外旨《ほかうま》かった。待たずに食べる幸せ。

最近では函館。塩ラーメンの名店として名高い『あじさい』で食べたカレーラーメンンも秀逸だった。

五稜郭の本店をはじめ、市内、札幌に支店を持つ店だが、今回訪ねたのはベイサイドの『紅《くれない》店』【地図D❾】。海沿いの赤レンガ倉庫。

夏とは思えない、凍えるような寒さに身を縮め、仕事の合間の小休止。名物〈塩ラーメン〉を、となるのだが、より身体の温まりそうな〈カレーラーメン〉をオーダーした。後述するが、函館と言えばカレー。至極真っ当なセレクトである。

ミルキーな風味が新鮮。適度に辛く、カレーの香りも馨《かぐわ》しい。

これだからチェーン店は侮《あなど》れない。ただひとつ、注文をつけるならその値段。八百五十円はいかにも高い。最近のラーメンは高額に過ぎると思う。ときには千円を超えるラーメンもあるが、僕はそこまでの金額をラーメンに費やすことに、かなりの抵抗がある。高くても七百円台後半まで。できれば六百円台で食べたいと思うのだ。

『あじさい』の〈カレーラーメン〉

火の国のヘルシーブーム？

大きく話が横道に外れてしまった。熊本ラーメンの話を始めるつもりが、北に傾いてしまった。話を熊本に戻す。

ラーメンをいつ食べるか。大きくふたつに分かれるはずだ。昼どきか、もしくは飲んだ後の〆。

熊本ラーメンは間違いなく後者に向いている（と僕は思い込んでいる）。

だから熊本の夜は、どんなに旨いものがあろうと、いくらかの余裕を残して店を出る。ラーメン屋に立ち寄らないことには、熊本の夜は終わらない。

はずなのだが、歳を取るというのは、まことにもって情けない話で、泡を一本、赤をグラスで三杯も飲めば、〆のラーメンどころか、ホテルに帰る道筋すらおぼつかない。あげく翌朝は宿酔状態。

朝も抜いて、昼にはラーメンでもと頭では思うものの、胃がついていけない。とは言え、二日酔いに汁ものは欠かせない。と、思いついたのが〈太平燕《タイピーエン》〉。

話には聞いていたものの、まだ食べたことはない。なんでも、ちゃんぽんの麺の代わりに春雨が入っているようなものらしい。

そんな弱っちいものを食えるか。長くそう思ってきたが、時代は常に変化する。世を挙げてヘルシーブームである。健康志向の強い今日、何かの参考になるかもしれない。そう考えて〈太平燕〉の元祖とおぼしき『紅蘭亭《こうらんてい》』【地図Z㊳】の扉を開けた。

立派な中華料理店である。一階にも席はあるが、〈太平燕〉を食べたいと言うと二階に案内される。一階のレストラン『馬馬虎虎《マーマーフーフー》』に〈太平燕〉はない。第一のチェックポイントはここ。

二階に上がると中華街の高級レストラン風の内装が迎えてくれる。窓際の席からは商店街が見下ろせる。

第二のチェックポイントはオーダー。〈太平燕〉は単品七百五十円でも注文できるが、〈中華定食〉九百五十円を強くおすすめする。

〈太平燕〉。美味しい麺ではあるのだが、これ一杯ではいかにも頼りない。コクのあるスープに具もしっかり入っている。だが麺が春雨というのがどうにも物足りなく感じてしまう。僕でさえそうなのだから、若い人なら尚更のこと。

〈中華定食〉にはハーフサイズの〈太平燕〉の他に、白いごはんと酢豚、サラダ、ザーサイに加えてデザートの杏仁豆腐までついている。何より気に入ったのは酢豚。

この店では酢豚を〈酢排骨《スーバイコ》〉と呼び、名物となっている。あまりに美味しかったので、一階のデリカショップでパック入りを買って帰ったくらいだ。この一階の入口近くにあるデリカショップには旨いものがたくさん並んでいる。熊本からの帰途、車中で食べようとあれこれ買い込んだが、焼売《シューマイ》、焼飯、皿うどん、どれも本当に美味しかった。

さて〈太平燕〉。その名の通り、どうやら発祥《はっしょう》はツバメの巣のようだ。が、希少な食材ゆえ食感の似ている春雨を代用したのだろうと思う。思った通り、ちゃんぽん風の味わいだが、具に揚げた茹で玉子が入っているのが珍しい。

ヘルシーさ際立つ『紅蘭亭』の〈太平燕〉

しかしこれほどに、あっさりした麺類もめずらしい。同じ熊本名物なのに、熊本ラーメンとは対極にあるような味だ。

ヘルシー志向が高まる中、この〈太平燕〉がブレイクする日も近い（かもしれない）。

総じて九州のラーメンはとんこつスープを使って濃密な味わいだが、中でも熊本のそれは、麺そのものが太いせいで、スープも極めて濃厚である。具に煮玉子やキクラゲが入るのも個性的だ。

発祥は『こむらさき』【地図Z69】だが、名が知られて

こってり『桂花』ラーメン

いるのは『桂花《けいか》』【地図Z70】や『味千《あじせん》』【地図Z71】。しかし例によって、ラーメン通の間では〈玉名系〉〈熊本王道系〉などに分かれ、通好みの店に星をつけたりしているが、そこまでいくと、僕などはついていけない。

濃厚熊本ラーメンとあっさり太平燕。案外火の国らしい按配なのかもしれない。燃やしては消す。

☆泊まるならここ

『リッチモンドホテル　熊本新市街』【地図Z】

熊本の繁華街はアーケードが縦横に走っている。その中にあるこのホテルは、雨に濡れずに移動できるのがありがたい。朝食は一階のレストランで八百円。和洋何種類かの定食から選べる。〈太平燕〉定食もある。僕は熊本名物〈だご汁〉定食を選んだ。

リッチモンド系列はどこも部屋がそこそこ広く、ドリップ式のコーヒーがついているのもうれしい。

5. 瀬戸内周南『第二スター』と『スター本店』の中華そば

昔ながらの中華そば

日本のラーメンは凄い。いつもそう思う。元は中国だろうに、今や日本の国民食とまで呼ばれている。どんな場所であろうと、どんな時間帯であっても、食べようと思えばきっと叶うのがラーメン。コンビニに行けば、何種類ものインスタントラーメンが並び、店を探そうとすれば、さほどの苦労をせずとも見つけられる。同じく国民食と呼ばれているカレーだとそうはいかない。インスタントのレトルトならコンビニに並んでいるが、それでもラーメンに比べれば、はるかにその選択肢は少ない。ましてや深夜に店を開けているカレーショップなどは、まず見つけられない。

ラーメンほど日本人の食生活に密着しているものはない。加えてその地方色が豊かなことにも驚かされる。北は北海道から南は沖縄まで、日本各地にご当地ラーメンが存在し、その個性を競い合っている様は壮観、かつ不思議だ。

ざっくりと分ければ、北と南は濃厚な味。中ほどはあっさり系。とは言っても、わずかな距離を隔《へだ》てて微妙に味わいが異なるのもまたラーメンならではの話。

先ほど九州・北海道のラーメンを紹介したが、その他にも、全国的な知名度はさほど高くないけれど僕は瀬戸内系のラーメンが好きだ。背脂たっぷり醤油系の〈尾道《おのみち》ラーメン〉から、広島の屋台系、とんこつ系の〈宇部《うべ》ラーメン〉まで。個性豊かなラーメンが瀬戸内海に沿って並んでいる。

ラーメンには蕎麦とはまた別の信奉者が多く存在していて、スープがどうのこうの、麺があれやこれやと、深く語り合うことを楽しみにしている人たちには、とてもじゃないが敵《かな》わない。先に書いた程度しかスープは区別できないし、自家製麺であってもなくても一向に構わないという、実にいい加減なラーメン愛好家である。

でも、数あるラーメンの中から、ただひとつ選ぶとすれば、やはり昔ながらの中華そば系がいい。澄んだ醤油系のスープ。中細のストレート麺。具はもやしとネギ。チャーシューは赤身のもも肉がいい。噛み応えがあって、やや厚めなら理想的だ。

そんな話をしていて、それならきっと気に入るだろうと、中華そば屋に連れていってくださったのは、『いろり山賊』を教えてくださったのと同じく宿屋の主人ＭＭさん。

島宿を後にして、徳山駅まで送っていただいた際、何かの拍子にラーメンの話になり、ならばここ、と連れていってもらったのが『第二スター』【地図X⑥⑤】なる店。

第二があるなら、第一、第三もあるのかと訊ねると、

「そんなことはええ。とにかく食えば分かるけえ」

と、白地に黒々と〈中華そば〉と書かれた暖簾を潜り、MMさんはスチールサッシのガラス戸を開けた。どうやら、いわく因縁がありそうだ。

『第二スター』から『スター本店』へ

店の入口近くに座るオバチャンにまずはご挨拶。MMさんとはどうやら古くからの知り合いらしい。

中華そば専門店だから、MMさんは数だけをオーダー。開店間なしの十一時過ぎなので店はまだ空《す》いている。昼どきになれば外に行列ができるなどと話しながら待つことしばし。運ばれてきた中華そば、見るだに懐かしい。ラーメン鉢から立ち上る匂いもまた、なんとも言えず馨しい。

京都で喩《たと》えるなら『京極スタンド』のそれ。あるいは『新福菜館』のラーメンスープをやや薄めにした感じ。

醤油が勝ったスープなのに、鶏ガラの出汁だろうか、あっさりとしていて濃くは感じない。麺は細いストレートだが、やや平べったいように思える。こういう麺は僕には珍しい。厚めに切られた大きなチャーシューはかなり食べ応えがある。

ある意味で理想形の中華そばだ。ラーメンフリークにはきっと物足りないだろうが、しみじみと味わうにはこういうのがいい。のんびりした店の空気も好ましい。流行りの言葉で言うなら、おとなの中華そば。

と、やはり気になるのは店の名前。第二ということは、第一や第三があるはず。こういう場合、たいていは本家争いの結果だ。スープもしっかり飲みほしてから、MMさんの耳元で訊いた。

「なぜここが第二なんです?」

と、MMさんが答えた。

「昔から来とるけぇ、わしも、ようわからんのよ。わしはここしか来んから」

MMさんはそういう人である。深く詮索《せんさく》することを好まない性格なのだろう。この場はそれでスルーした。

が、僕はこの手の話を曖昧なまま終わらせることができない性質《たち》。野次馬根性に溢れた僕はＭＭさんとは正反対なのだ。

およそ一年半後。僕はついに『第一スター』ならぬ『スター本店』【地図Ｘ㊻】を訪ねる機会を得た。いや、作ったというのが正しい表現。

『スター本店』は徳山駅から歩いて五分とかからないところにあると知り、岩国での仕事の後、新幹線でひと駅足を延ばしてランチタイムに訪ねた。

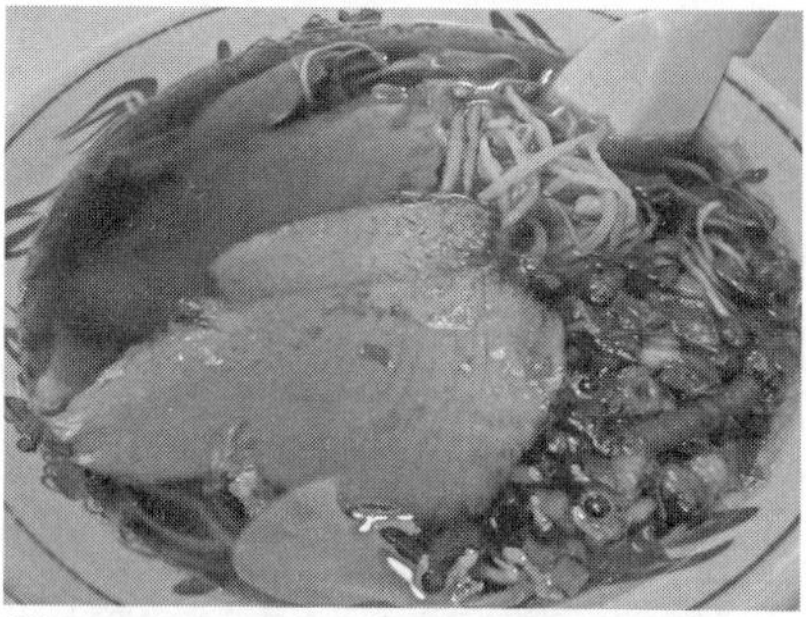
『第二スター』の堂々たる中華そば

徳山駅の新幹線口を出て港方面に向かう。と路地裏のレンタカー屋の隣に目指す『スター本店』は簡単に見つかった。

『第二スター』に比べるとかなりカジュアルで喫茶店風の店構え。本店というからにはもっと重々しい、古びたイメージを抱《いだ》いていたので、いくらか拍子抜けする。

暖簾は『第二スター』とそっくりだが、壁の看板には『スター食堂』とある。しかしよく見るとオレンジのファサードには『スター本店』とある。食堂と本店ではかなり趣きが異なるが、きっとＭＭさん同様、細かなことに拘《こだわ》らない主人なのだろう。

開店してすぐの時間帯だから、けっこう広い店内はまだガラガラだ。

壁の品書きを見て、食堂と書かれた意味が分かった。ラーメン専門ではなく、うどんもあったりするのだ。

迷うことなく〈中華そば〉六百円を注文。『第二スター』より五十円安い。さてその味は。

さすがにスター系列。『第二スター』とよく似た味わいである。具や麺、スープもほぼ同じ。だが食べ進むと、わずかだが違いが分かってくる。こちらのほうが味はシャープな気がする。

どちらか一軒を選べと言われて、少し迷った末でよければ『スター本店』を選ぶような気がする。が、三秒以内に決めよと言われたら『第二スター』と言ってしまうかもしれない。よく似た味わいながら、後を引く旨さとしては『スター本店』がわずかに勝っている。味の密度が濃い、とでも言おうか。食べ終えた後のしみじみ感がより深く感じられるのだ。もしもこの店が近所にあれば、週に一度は必ず足を運ぶだろうと思う。食べ飽きない味。

『第三スター』の存在もこのとき知ったが、さすがにそこまでは極めなくてもいいように思い、徳山駅に急いだ。

第二より、わずかに本店が旨い。この結果に僕は大いに満足した。

どういう経過があり、いかなる歴史を辿ってきたのかは知る由もないが、それでもきっと元は同じルーツだったはず。どちらかが極端に旨かったり、不味かったりすると複雑な気持ちになる。兄弟なかよく、じゃないが、どちらも切磋琢磨しながら暖簾を守り、受け継いでいく。たかが中華そば一杯ながら、そこには長い歴史があり、必ず多くの人々の想いが籠《こ》められている。

☆泊まるならここ

『小屋場　只只』【地図X】

とは書いてみたものの、ひとりでは泊まれないし、予約もそう簡単には取れない。もしも何かの拍子で都合が合えば、という注釈をつけておく。むしろ話は逆で、『小屋場　只只』に泊まったなら、ランチは『スター本店』か『第二スター』を選ぶのがいい、という話。

『ホテル ルートイン 徳山駅前』【地図X】

駅前の在来線口側。駅から歩いて三分の近さに加えて、『第二スター』が近い。『スター本店』へは駅の地下道を通れば便利。

大浴場がうれしい。部屋の広さも頃合い。朝食が無料でついてくるのもうれしい。おすすめの部屋はコンフォートシングル。

6．極みのカレーうどん

塩と水

店の常として、飛び抜けて旨いものを食わせるところは、おおむね愛想が悪い。あるいは取っつきにくい、とも言える。分けても専門店。メニューは一種類のみ。ひとつの味を極めた店の主人というのは、たいていが孤高の道を歩み、無愛想を絵に描いたような顔つきで、にこりともしないのが常だ。万人に向けての料理ではなく、限られた一部のファンだけを相手にすればいいのだから仕方がない。が、これでもう少し居心地がよければ、もっと通うのに、そう思う店は少なくない。

その唯一例外とも思える店を伊勢路で見つけた。ある料理の専門店である。お伊勢参りと松阪《まつさか》牛の食べ尽くしをテーマとして旅したときのことである。

焼肉、しゃぶしゃぶ、すき焼と、オーソドックスな松阪牛料理を食べ、何か変化球はないかと探していて、ふと思い立ったのがカレーである。

上質な肉は極力シンプルな味つけで食べたほうがいい。これが世の定説である。肉に限ったことではない。すべて良い食材は最小限の味つけで食べないともったいない。でないと、素材そのものの持ち味が殺される、と誰もが信じて疑わない。世に言う《塩信仰》である。

余計な味つけなどせず、塩だけで食べると、そのものの味が際立つと信じてやまないのである。食通と呼ばれる人ほど、その傾向が強い。野菜、天ぷら、蕎麦など、塩だけで食べて陶酔しているのはたいていが、この食通である。僕は食通とは縁遠い存在なので、塩だけだとすぐに飽きてしまう。

京都祇園に、キラ星のごとき天ぷらの名店がある。ここには天つゆがなく、塩だけで天ぷらを食べさせるのだ。三品くらいまではいい。たしかに塩だけで天ぷらを食べると、食材の持ち味が十二分に発揮される。海老の旨み、甘みなどをしっかりと感じ取れることは間違いない。だがこれがずっと続くとなると、僕にはある種の拷問《ごうもん》だった。この穴子を天つゆで食べればどんなに旨いだろうか、想像しながら塩だけで食べる苦しみ。もどかしくて地団駄を何度も踏んだ。

その《塩信仰》、最近ではさらにエスカレートして《水信仰》に至っているそうだ。

水蕎麦というのは、たしかに以前からあったが、最近では生野菜にスプレーで水をかけて、そのまま食べるという、超食通がいるそうだ。鯛の造りを水に浸して食べるとも言う。どうぞお好きなように、としか言えない。誰が何をどう食べようと、文句を言う筋合いではないのだが、はたしてそれが本当に旨いのか、無理してるんじゃないか、と僕などは訝ってしまう。

塩がそんなにエライのか。なぜ日本の食なのにモンゴルの岩塩なのか。深けりゃいいのか、海洋深層水。なんでもかんでも、塩が素材の味を引き立てる、という呪文と僕は無縁でいたい。

本当に旨い、力のある食材は、どんな味つけをしようとも負けるはずがない、というのが僕の持論である。銘柄豚のカツだから塩だけで食べる、なんてことより、ウスターソースをどっぷりつけて食べるのが僕には合っている。

焼肉屋で松阪牛のA５ランクを食べるのに、塩で食べてもタレで食べても、やはりA４とは明らかに肉の味の違いを感じ取れる。それよりは相性だと思う。サシの多い部分は塩が合うし、赤身の部位はタレが合う。それぞれに愉しんだほうが得策だと思う。

豊橋から松阪へ

せっかくの松阪牛を、カレーの味で食べるなど言語道断だと、食通からは白い目で見られるだろうことを承知で、しかし、どうせ食べるなら、これぞ松阪牛ならではのカレーだ、という料理を食べたいと願う。カレーライスでもカレーラーメンでもカレー鍋でもいい。松阪牛を使ったカレー。

願いはおおむね叶うものだ。常々僕はそう思っている。と、それは食いものに限ってのことというのが、いささか情けないのではあるが。

現地、松阪で口コミ情報を集め、ネット情報を加味して、伊勢松阪旅、三日目の昼に、市内中心部から少しく外れた場所に、目指す『たま樹《き》』【地図P㊻】の看板を見つけた。ここはカレーうどんの専門店である。

焼きそばを町興しのネタにしているところは少なくないが、カレーうどんで町興しをしようとしている町はあまり見かけない。北海道の美瑛《びえい》町や、カレー麺を町興しの起爆剤にと目論んでいる茨城県古河《こが》市などごく一部であり、しかもさほど盛り上がっているようには見受けられない。

その中でもっともよく知られているのは愛知県豊橋市だろう。

五十軒近くの店がその味を競い合うカレーうどんは、豊橋流の独特のルールがあって、それは必ずウズラの茹で玉子がトッピングされていることと、とろろでカバーされたごはんがうどんの底に潜んでいること。つまりは、ひつまぶしと同じく、複数の味わい方を愉しめるという仕組みになっているのだ。カレーうどんを食べた後に、とろろごはん。

食べてみると、面白い試みだと分かる。が、僕なら逆にする。先にとろろめしを食べてから、後でカレーうどんを食べたい。と言いながら、最後はどうせ混ぜてしまうのだが。

その豊橋ですら、多くはカレーうどんもメニューにある、という程度で、カレーうどん専門店が林立しているわけではない。カレーライス専門店はチェーン店も含めて全国に何軒もあるが、カレーうどん専門店となると、その数は極めて少ない。

松阪にあるその珍しいカレーうどん専門店は、いわゆるロードサイド店。一見したところ、喫茶店風の構えである。店の前にレンタカーを停めて店の様子をちらっと横目で見た。

これなら間違いない、とは言い切れないが、かと言って、引き返すほどでもない。外観は微妙なところ。こういう場合は店に入ってたしかめるしかない。ドアを開けた。

テーブル席もあるが、無論カウンター。一番奥の席に座った。メニューを見る。カレーうどんのバリエーションがいくつかあるが、迷うことなく〈牛カレーうどん〉千三百八十円也。松阪牛使用と明記してあるのにホッとする。

昨今、地方の飲食店事情というのは、極めて厳しいものがある。よほど地元に愛されているか、もしくは観光客の人気を集めているか、でないと繁盛店になるのは難しい。地方都市を歩いていると、店仕舞いして、看板が剥《は》げてしまっているのをよく見かける。意気込んで開店したものの、客足が途絶え、というのはよくある話だ。

そんな時代に、都心ならともかくも地方都市の、しかも街外れのロードサイドでカレーうどん専門店を開いて、続けていけるものかどうか。普通に考えれば、これは無謀とも言えるのではないか。

松阪牛カレーうどんに感動

開店間なしの時間帯。客の入りは七割といったところ。ラーメン屋のように、カウンターの中で料理が作られている。どうやら主人ひとりのようだ。ホール係は奥方だろうか、極めて愛想のいい女性が接客する。

ふと見れば、カウンターの上には青いスパイス缶がずらりと並び、積み上げられている。キッチンの中も綺麗に整頓され、清潔感が漂っている。香ばしいカレーの香りが店中に広がる。期待が高まる。

やがて運ばれてきたのは大振りで浅めの鉢。黒い鉢から湯気とカレーの匂いが上がる。カレーうどん。箸を取って、目が留まった。

「味が分かれています。右のほうは出汁の餡、左側がカレー味の餡になっています。最初は別々の味を楽しんで頂いて、あとで混ぜてお召し上がりください」

なんと豊橋と同じ。ふた通りの味わい方ができるカレーうどんなのだ。

さてここで地図を見てみよう。豊橋と松阪。遠く離れているようでいて、実は伊勢湾を挟んで向かい合っているのである。これはきっと何かのつながりがあるに違いない。期待は膨らむ一方だ。

手を合わせ、先ずは透き通った出汁の餡をひと口。

すでに期待をはるかに上回った、極上の味わいである。このまま餡かけうどんとして食べ終えてもいい、そう思ったほどだ。麺は稲庭っぽい。コシの強さを求める向きには物足りないだろうが、するりとした滑らかな麺の喉ごしがいい。

さてカレー。松阪肉をカレー餡にからめ、麺と一緒に口に運ぶ。ひと口。ふた口。三口。言葉が出ない。実に複雑な味わいで、しかし充分な辛さと旨み。鼻から抜けるカレーの香りも秀逸。これぞ極みのカレーうどんと断じていい。

陳腐な言い回しを承知で言えば、たかがカレーうどん、されどカレーうどん。よほどの思い入れがなければ、ここまで味を極めることは難しいだろうと思う。心の底からカレーうどんが好きでなければ、ここまでの味に至らないに違いない。いや、カレーうどんのみならず、カレーそのものが好きなのだろう。それが証《あかし》に、この〈牛カレーうどん〉には〈プチカレーライス〉がついているのだ。

『たま樹』店内とカレーうどん

カレーうどんとカレーライスを一緒に食べるのは、たぶん生まれて初めてのこと。と、このカレー、うどんにかかっているものとは微妙に味が違う。

食べる前には少し高いのではと思った千三百八十円だが、食べるに連れて、その思いは簡単に覆《くつがえ》されてしまった。

出汁の利いた餡かけうどん、カレー味のうどん、そしてその混ざり合った和風カレーうどん、そしてカレーライス。四種類の味を愉しめ、かつ松阪牛も味わえるとなれば、充分お値打ち価格だと言える。

京都をはじめとして、近年京阪神では、カレーうどんを名物とする店が増え、どこも長い行列ができるほどの人気を呼んでいる。が、その味わいはと言えば、多くが極めて単調。味に深みが感じられないのだ。辛さだけを競ったり、珍奇な具材を使ったり、中には、ごはんの上にうどんを載せ、そこにカレー餡をかけるなどという、豊橋流の上っ面をなぞったとしか思えないようなカレーうどんが乱舞している。それをまた絶賛するフードライターさんたちがいて、その言を信じた客たちが長い列を作るのだから、京阪神のうどん屋さんは本当に恵まれている。

カレー好きであり、中でもカレーうどんには目のない僕は、噂になった店にはたいてい足を運んでいる。その多くは、まずくはないが、また食べたいとなるほどの美味でもない。際立った個性を感じ取れないのだ。加えて繁盛店だから仕方ないのだろうが、ぞんざいな接客も目に余る。

『たま樹』は味だけでなく、接客もまた秀でていた。店に入ってから出ていくまで、絶えず店側の気遣いを感じていた。どの席に着くか、何を注文するか、どう食べているか、食べ終えてどうしているか、ずっと見守られているのである。それも、さりげなく。

上質の日本旅館で感じるのと同じ、もてなしの心。まさか松阪郊外の、カレーうどん店で、それを感じるとは思いもしなかった。

冷たいお茶を注《つ》ぐタイミングも機を外さなかったが、何より驚いたのは、寡黙《かもく》な主人の機転だった。

黙々とカレーうどんを作っているだけで、解説を加えるでもなし、職人そのものに見えた主人が、ただ一度だけ僕に声をかけた。

「どうぞ使ってください。よければお持ち帰りください」

微笑みとともに差し出されたのは、真新しいタオル。カレーうどんの辛さに、僕の額から噴き出す汗を見かねてのことだったのだろう。温泉旅館でよく見かける、ビニール袋に入ったタオルの封を切って、僕に手渡してくれたのだ。

あくまで、さりげないところが好ましい。サービスの押し売りや、マニュアルっぽい空気が一切ないのである。稀有《けう》なことだと思う。

タイトルに「極み」とつけたのは、このサービスまでを含めてのことである。どんなに美味しい料理だったとしても、客あしらいがぞんざいであったり、客を見下すような態度を取る店に僕はまったく興味を覚えない。

真に味を極められる料理人は、客に対して謙虚に向き合う筈。それを見事なまでに表現している『たま樹』。

使ったタオル、持ち帰ろうかどうか迷ったが、丁重に礼を述べてお返しした。支払いを済ませると奥方らしき女性は、店を出るまで頭を下げて見送ってくれた。

まさしく極みのカレーうどん店である。

☆泊まるならここ

『松阪シティホテル』【地図P】

松阪駅はJRと近鉄が一体となっていて、つまり鉄路を選べば自然、松阪駅が入口となる。その駅から歩いて二分。目の前にあるのが『松阪シティホテル』。昔ながらのビジネスホテルだが、設備は新しく、快適に過ごせる。フロント横に朝刊が積まれ、その傍らにはコーヒーマシンがあり、どちらも部屋に持ち帰ってゆっくり愉しめるサービスがうれしい。和洋を選べる朝食がつき、広々としたレストランで食べられるのもありがたい。

7．京都『おやじ』の焼きそば

専門店の焼きそば

京都という街に、多くの人々はパターン化したイメージを抱いている。平安の都ぶり。おっとりした暮らし。そして淡い味わい。京都イコール薄味というイメージも古くから定着している。こってり味のラーメンや、ボリュームたっぷりの洋食などが知られるようになって、少しはそれが払拭《ふっしょく》されたようにも思えるが、それでもやはり京都に似合うのは薄口醤油であって、甘辛いソースと京都を結びつけることは、ほとんどないだろう。

お好み焼きや焼きそばなどは、どうしても大阪のイメージになってしまうせいか、京都で旨い焼きそばの店があることはあまり知られていない。鉄板の上で湯気を立てるそばにたっぷりとソースをかける絵は、京都らしくないのだろうとも思う。

焼きそばと言えば、それこそB級グルメと呼ばれるものの代表選手である。ご当地焼きそばは、B-1グランプリなどと称するコンテストでも、もっともその数が多いと聞く。横手、富士宮、宇都宮などなど。昔からあったものも、最近開発されたメニューも入り乱れて、焼きそばこそがB級グルメとばかりに、その覇権を競う。

おそらくは、そういう場から一番遠いところに身を置いているのが、古くから京都人の舌を喜ばせている焼きそば。主に花街の近くや学生街などに知られたお好み焼き屋があり、観光客ではなく、地元民たちが鉄板の前で、焼きそばが焼き上がるのを今や遅しと待ち受けている。

京都に限ったことではないが、多く焼きそばはお好み焼き屋のサブメニューとして存在している。店によっては両雄といった風に並び、どちらがメインとはいえないところもなくはないが、たいていはお好み焼きが主役を張っている。街中にお好み焼き屋は数多くあっても、焼きそば屋というのは滅多に見かけない。ましてや京都。僕は東山、大和大路松原近くの『おやじ』【地図Q㊼】以外に知らない。

焼きそば専門店と言って思い浮かべるのは、大分日田の『想夫恋《そうふれん》』【地図外80】。この店もまたローカルグルメの典型といっていい。〈日田焼きそば〉というブランドを確立し、北九州一円に多くの支店を展開している。それにしても『想夫恋』。焼きそば屋さんの屋号としては、いかにも重い。平家物語か雅楽。きっと何かいわれがあるのだろう。

僕が度々訪れるのは博多住吉にある店だが、ここと餃子のひとつくらいはサイドメニューとして存在しているし、日田の本店には普通の中華料理店と変わらぬほど多くのメニューがあるという。

焼きそば一本勝負。『おやじ』は潔い店である。

お好み焼きはなく、焼きそばだけを品書きに載せ、かつわずかな客だけを相手に営む焼きそば屋。場所はといえば『六波羅蜜寺《ろくはらみつじ》』と花街宮川町《みやがわちょう》の中ほど。狭い通りにあるので、観光客が通りかかって、というような場所ではない。たとえ店の名は聞いたことがあっても、この店の在《あ》り処《か》を知らない京都人が少なくないのはひとえにその立地。店の住所はと訊かれてすぐに答えるのは難しい。

食情報が氾濫《はんらん》するようになった昨今は、噂を頼りにわざわざ訪ねる旅人も見かけるようになったが、それでも客のほとんどは地元京都のお馴染みさんだ。

場所も場所なら、営業時間もまた難易度が高く、昼だけの営業。しかもわずかに二時間半しか開けていない。

何度か店を訪ねたが、並ばずに入れたためしがない。殊の外並ぶことが嫌いで、ましてや食べるためだけに列の後ろにつくなどありえないはずの京都人が、長い列を作ってまで、食べたくなる焼きそばとはたして。

オバチャンの焼きそばが食べたい

たいていは取材途中のランチタイム。東京からやってきた取材陣と昼を食べようとして、時折り僕はこの店を提案する。東山界隈の寺社、もしくは祇園、宮川町の佇まいを撮影して午後の取材に備えて小休止となればこの店がベストだ。

秋号の取材はたいてい真夏。たっぷり汗をかいた後の炎天下。小半時並ばねばならないが、と断りを入れても、彼らが何らためらうことがないのは、並び慣れている東京人ならではのこと。

『おやじ』。十一時半を過ぎればガラス戸の前に必ず数人の列ができている。が、祇園で有名な抹茶パフェほどの大行列にはならない。加えて並ぶことのルールもない。なんとなく並んで、席が空けば自発的に店に入り席に着く。呼ばれることもなければ、人数を問われることもまずない。三十分も待つようなことはなく、席が空けば順に店に入る。カメラマン、編集者二名と僕。総勢四名であっても、ひとり分の席が空けば、まずひとりが入る、といった風だ。

店の外にはないが、店の中に入ると厳格なルールがある。席に座る前に、まずはコップに自分で氷水を入れ、その横に置かれたメモ用紙とボールペンを取らねばならない。

水はセルフサービスで、というのはラーメン屋などでよく見かけるが、メモ用紙をという店は珍しい。ここでは注文は口頭でなくメモ用紙に書いて伝えるシステムになっているのだ。なぜかと言えば、メニューは焼きそばのみと単純なのだが、その量やトッピングなどのバリエーションがけっこう豊富だからである。

まずは量。一ヶ、二ヶと数える。大玉だからひとりなら一ヶで充分。六百円也。これにはゲソやちくわ、野菜がベースとして含まれるが肉系はオプションになっている。なのでメモ用紙には〈一ヶ。豚肉、玉子、天かす〉と書くシステムである。

受け取ったオバチャンはさっと目を通した後、壁に貼る。店の半分近くのスペースは使い込まれた鉄板に占領されている。それを挟んで客とオバチャンが向かい合う格好だ。八席ほどだろうか。それぞれの客の前に材料がどさりと置かれ、ステンレスの大きなコテを使って、オバチャンが黙々と焼く。時折り店の外の客に目を遣りながらも、常連客とおぼしきオヤジと世間話を交わす。と、ようやく僕の前の鉄板を拭き始める。コテで焦げをこそげ取り、濡れタオルで丁寧に拭き込むと鉄板は銀色に輝く。

「ソースは?」とオバチャンが訊く。

「甘辛で」と答える。

刻み紅ショウガが振られたらでき上がり。コテで僕の前まで寄せてくれる。

皿に取り、ひと口、ふた口食べかけた辺りで再びオバチャンが訊く。

「玉子は?」

「焼いてください」と答えると、オバチャンはおもむろに玉子を割り、鉄板で目玉焼きを作り始める。焼かずに生玉子を載せて絡めながら食べる客と半々だそうだ。

と、僕の左横が二席空いて、カメラマンと編集者が入ってきた。無論初めてなので戸惑っているが、店のシステムを理解し、メモ用紙注文を済ませ、興味深げに店の中を見回している。

玉子が焼き上がるとコテで焼きそばの上に載せてくれる。白身は固まっているが、黄身は半熟状態。マイベスト目玉焼きを焼きそばに絡めると、口中が幸せで溢れる。ここで登場するのが激辛ソース。

「ホンマに辛いから気ぃつけてや」

必ずオバチャンが声をかけるが、かまわず僕はしっかりとかける。途端に汗が噴き出す。熱い上に激しく辛いが、それゆえ旨い。

食べ終える直前になると、オバチャンがコテで焼きそばをさらえて、皿に載せてくれる。

僕の右隣が空いた。ようやく四人目となる若い編集者が流れる汗を拭いながら席に着いた。と、オバチャンが鉄板から目を離さずに声をかけた。

「暑い中を、長いこと待たして悪かったなぁ、おにいちゃん」

やっぱり京都の店だな、と僕はこのとき深く感じ入った。

一見不愛想に見えるオバチャンが、やさしい言葉をかける。それも、ここぞというときに、だ。誰かれなく愛想を振りまくのではない。何より、見るべきところは、ちゃんと見ているのだ。オバチャンが時折り店の外に目を走らせていたわけがやっとわかった。

僕と若い編集者は並んで座っているが、店に入るまでの時間は十分ほどの差がある。年長者に先を譲ってじっと待っていた彼を、オバチャンがねぎらったのである。

大袈裟に言えば、これが京都という街に住む者の習わしである。真っ当な京都の店の姿である。客もまた然《しか》り。仕事柄ついつい焼きそばにレンズを向けてしまうが、他の客は食べることに夢中で、誰ひとり携帯のカメラを使うこともない。どころか、店前に並ぶ客の多さに気づいた客のひとりは、食べ終えた皿とコップを持って、厨房に入っていき、流しにそれを置いた。少しでも早く次の客に備えようという心遣い。実に京都らしい店だと改めて思った。

初めてこの焼きそばを食べたのはいつだったか、思い出せないほどだ。店の名が示すように最初は〈オヤジ〉が焼いていた。やがて代替わりし、そのうち焼き手は今度はオバチャンに代わった。今では『おやじ』のオバチャンとして、すっかり定着している。以前は短時間だけだが夜の営業もあったのに、それもなくなってしまった。僕の最も苦手とする行列は必至。なのに足を運ぶのは、この店の有り様が実に京都らしいからである。

同じく列を作って食べる麺ではあるが、岡崎近辺の人気うどん店とは、店の有り様も、客の姿勢もまったく異なる。

通り一遍の愛想を振りまきながら、〈京カレー〉などと京都を売り物にする店。どんな長い列ができていようとも、決してあきらめることなく辛抱強く待つ客。両者の思惑は口コミサイトをはじめとするネット上の情報として絡み合っていく。店側が強く〈こだわり〉を謳えば謳うほど、客はそれに迎合してシンクロする。あるグルメ雑誌に紹介されたこのうどん店のコメントに、〈店主のあくなき探究心が日々進化するうどんを生む。これを食する幸せは、千年の都京都の店ならでは〉とあった。

何気ない、いつもと変わらぬ焼きそばの味に、ほっこりと心を和ませるのが京都人だということを、このライターはきっと知らぬまま、半可通《はんかつう》の情報だけを垂れ流していくのだろうと思うと、少なからず寂しい。

ところでこの『おやじ』。毎月六日は玉子一個が無料でサービスされるのだが、それは六日が先代オヤジの命日だからと聞いた。これをして、〈千年の都京都の店ならでは〉というのである。

☆泊まるならここ

『ホテル　アンテルーム　京都』【地図Ｒ】

まだできて間もないホテルだが、そのスタイリッシュなデザインで早くも人気を呼んでいる。場所は京都駅の南側、東九条と少し遠い。アパートメントシステムも採っているから、連泊が向いている。泊まるというより滞在するという感じ。ランドリーが無料だったり、おしゃれなライブラリーやギャラリーがあったりと、既存のホテルとはひと味違う。

第3章　ニッポンのホッとする味、ごはん

1．ごはんものの王様——至福の駅弁

駅弁でめぐるニッポン

言うまでもなく日本はお米の国である。ごはんの国。白いごはんは美味しい。とりあえずごはんに何かを載せれば何とかなる。〈ごはんの友〉という呼び名も一般化してきた。佃煮《つくだに》系、ふりかけ系など、おかずなどなくとも〈ごはんの友〉さえあれば、いくらでもごはんは食べられる。

しかしながら、〈ごはんもの〉のパワーは別格といってもいい。ごはんとおかずが一体になった〈ごはんもの〉は何よりのご馳走《ちそう》だ。混ぜごはん系、具載せ系、炊き込み系。〈ごはんもの〉の嫌いな日本人などいようはずもない。丼類は言うに及ばず、皿盛りのライス系も最近バリエーションが増えてきた。

ローカルグルメのごはんものと言えば、真っ先に浮かぶのは駅弁。駅弁に麺類はほとんどない。当たり前か。

ごはんだけ、あるいはごはんとおかず。これもまた旅の愉しみながら、僕はいつも迷う。

味のついたごはんものも魅力的なのだが、単一の味だけに、飽きてしまわないかと思う。物相《もっそう》型で抜いたごはんには黒胡麻が載り、その一区画ごとに、おかずを変えて食べるのもまた駅弁の醍醐味だ。いっそのこと両方買おうかとも思うが、きっと食べ切れないだろうし、何より結構な出費になる。

ごはんもの駅弁と言って、古《いにしえ》よりもっともよく知られているのは〈峠の釜めし〉だろうか。

碓氷《うすい》峠。上州と信州の境目にある横川『おぎのや』の〈峠の釜めし〉。これを食べるためだけに旅をしたとしても何ら悔《く》いることはないだろうと思う。日本各地にどれほどの釜めしがあるか分からないが、この〈峠の釜めし〉を超えて旨さを際立たせるものに、いまだ出会っていない。持ち重りのする釜の手触りからして、すでに旨そうな気配を漂わせている。掛け紙を外し、木の蓋を取ると、具だくさんの釜飯が姿を現す。さてどれから食べようかと迷い、上品な香の物と一緒に、あっという間に食べ切る。

問題は残された容器の釜。これを僕はどうしても捨てることができない。旅の終わりならいいが、これから旅を始めんとするとき、この重くて嵩張《かさば》る釜は必ず邪魔になるのだが、それでも意地になって家に持ち帰る。と言って、何に使うのでもない。最初は物入れにしたりもするが、いつの間にかベランダの片隅に転がっている。

昔はこれに加えて、お茶の容器、そして『崎陽軒《きようけん》』の醤油入れもあったが、今は手にすることがほとんどなくなった。ホッとするようでもあるが、どこか寂しい。

時代は移りゆき、今『おぎのや』の〈峠の釜めし〉を買い求めるのはたいていが長野新幹線の軽井沢駅売店【地図外㉘】。軽井沢は日本で最初に駅蕎麦を売り出したと伝わっている。だからなのか、ここの駅弁売り場では立ち食い蕎麦を食べることもできるのがうれしい。

釜めしと山菜蕎麦。蕎麦は食べ切らねばならないが、釜めしは残しても平気。容器ごと持って帰れる。旅の宿の夜食には格好だ。が、こういうとき、店のオバチャンは決まって、賞味期限をやかましく言う。今夜の夜食になどと言おうものなら、ひったくりかねないほど。食中毒を恐れてのことなのだろうが、余計なお世話だと言いたい。おとなは自己判断ができる。クンクンと匂いで大丈夫と思えば食べるし、危ないとなれば捨てる。その判断はこちらに任せてほしいと思うのだが。

話を駅弁に戻す。

数ある中で、僕のお気に入り一番は文句なく『崎陽軒』の〈横濱《よこはま》チャーハン〉五百四十円【地図外㉑】。値段も安く、これさえあればご機嫌だ。首都圏の駅ならたいていどこでも買えるのもありがたい。

冷めても美味しい焼飯、二個の焼売、鶏のチリソース味。これに加えて、きゅうりの漬物と筍の煮物がいい味を出している。取り分け筍の煮物。これだけをたっぷり食べたいと思うときがある。甘辛く煮て、サイコロ状に切られたそれは、最上級の酒のアテだと思う。

箸ではなく先割れスプーンというのもいい。弁当でありながらも、どのおかず、焼飯までもが、お酒のお供として絶大な効力を発揮する。これひと折でワインのハーフボトルは充分飲める。

上)『崎陽軒』の〈横濱チャーハン〉
下)『中央軒』の〈焼麦弁当〉

　どちらかと言えば餃子より焼売派の僕にはもうひとつ、九州・鳥栖《とす》駅『中央軒』の〈焼麦《しやおまい》弁当〉【地図外81】も堪らない弁当。かしわ鶏めしと焼売の取り合わせに、いつ

名物満載、駅弁〈名古屋めし〉

もうなっている。東の『崎陽軒』、西の『中央軒』。焼売ファンには甲乙つけがたしである。

地方に行くと、意外に駅弁を食べる機会が少ない。昼も夜も目指す食、お目当ての店があるから、つい食べそびれてしまう。

東京から京都に戻るときに東京駅で買い求めることが一番多いかもしれない。先の〈横濱チャーハン〉と並んで、『今半《いまはん》』の〈牛肉弁当〉【地図H⑳】が最多購入か。

かつて品川駅の構内で売っていた〈チキンカレー〉は、いつの間にか姿を消した。駅弁としては珍しいカレーもの。思ったより具だくさんで、適度な辛みもあり、大のお気に入りだっただけに惜しまれる。

地方もので出色だったのは、名古屋駅で買った、その名もズバリ〈名古屋めし〉【地図M㊴】。

九つのマスに十種類もの名古屋名物がぎっしり詰まっていて、これもまた酒のアテになる。細かく刻んだきしめんなどは、いささか強引にも思えるが、その強引さに苦笑い。

「鰻はええけど、きしめんは、刻まんでちょーよ」

ツッコミを入れながら食べるのもまた愉しく、デザートにういろうまでついているのには脱帽せざるを得ない。

駅弁は大好きだが、マニアとまではいかない。あくまで旅のついでに、といった程度なのだが、そんな僕が、駅弁狙いで旅をしたことが一度だけある。

微笑ましい〈アンパンマン弁当〉

岡山から高知へ向かおうとして、『アンパンマン列車』なるものの存在を知った。在来線の旅は彩りがあったほうが愉しい。個数限定ながら〈アンパンマン弁当〉【地図外63】という愉しみも加わると聞けば、これを逃す手はない。
童心に帰る、とはまさにこういうことを言うのだろう。シートの絵柄が違うと聞けば、いそいそと車内を移動し記念撮影。どうせ食べるなら、眺めのいいときにと、車窓を眺めながらそわそわと。愉しきかな駅弁タイム。

2．日本に鰻があってよかった――ニッポン鰻行脚《あんぎゃ》

鰻の食べ方、楽しみ方

「日本に京都があってよかった」というポスターを時折り見かける。

どうやら、お役所が作ったコピーのようだが、何を驕《おご》っているのだろう、と、京都人の僕などは見ていて恥ずかしくなる。腹立たしくもある。

人さまが言ってくださる分には許せもしよう。喜びもしよう。

もしも海外のメディアなんかが、そう言ってくれたなら、京都人としてこれほど誇らしいことはない。心の中で何度も復唱したに違いない。

自分で言うことか？

たとえば恋愛中のカップルがいるとしよう。リゾートホテルでデート。ディナーを終えて海辺を散歩する。しばらく続いた沈黙の後に、男がぽつりとつぶやく。

「ここに僕がいてよかった」

張り倒されるのがオチだ。

何を思い上がっているのか、とどんな女性でも、一瞬にして夢が覚めてしまうだろう。

同じ場面。ディナーの後、海辺を散歩するふたり。と、ハイヒールを脱いで、いきなり女が波打ち際に走る。男は慌てて追いかける。

寄せる波に女は膝まで水に浸かってしまう。男は女を抱きあげお姫さま抱っこをする。

「あなたがいてくれてよかった」

と、言うのは女のほうでなければドラマにならない。

一度はこんなシーンを演じてみたいものである。

鰻の話であった。

日本に鰻があってよかった。心底そう思うのである。

別段、土用の丑に限ったことではない。少しく草臥《くたび》れたとき、何かをなし終えて、わずかな贅沢をしたいとき、何にも勝るのが昼の鰻である。鰻は夜よりも、なぜか昼餉がふさわしい。

もしも日本に鰻がなかったなら、何をもって代用すればいいだろうか。いくら考えを巡らせてもまったく思い当たらない。

ほどのいいご馳走であり、かつ美味しい。晴れやかではあるが、晴れがまし過ぎることはない。そして何より、鰻ほどごはんと相性のいい食材もほかにない。ごはんあっての鰻、鰻あってのごはんとも言える。

『サザエさん』でも、出前の特上鮨は、客人に対して無理をするときの象徴として登場するが、鰻は少し趣きが異なる。鰻重が出てくるのは、内々の喜び事であったり、ご褒美だったりする。「鰻にするか」と波平さんが言い、フネさんが、「いいですねえ」と声を裏返して、いそいそと電話口に向かう姿は、なんとも微笑ましい。

鰻は江戸風に限る。僕にとっては蒸しの入ったふんわり系が基本となっている。ときには関西風の地焼きタイプも悪くはないと思うのだが、どんな地方を訪ねても、鰻屋は江戸風の店を選んでしまう。なぜなら僕の基準は『野田岩《のだいわ》』の鰻だからである。

『すきやばし次郎』で鮨に開眼したと同じく、鰻で目を開かせてくれたのが麻布の『野田岩』だった。東京タワーの足元でこの鰻を食べたときの衝撃は大きかった。天然鰻がどうだとか、ワインと合わせるのは如何《いかが》なものか、などアンチの言は置くとして、とにかく他に類を見ない軽やかな鰻に魅了された。爾来《じらい》、上京する度に足を運ぼうとするのだが、存外麻布は遠い。

『日本橋高島屋』の特別食堂【地図H⑱】へ行くことが多い。八重洲から小走りで、新幹線の待ち時間に『野田岩』鰻を愉しんでいる。

ときには横浜の店。正式な支店なのか、系列店なのかは知らないが、客にとっては旨ければそれでいい。この手の話は食べ物屋に限らず少なくない。野次馬的には面白かったりもするが、紛らわしくて困らなくもない。

大阪北浜に『志津可《しづか》』【地図T53】という鰻屋があり、ここも、そう遠くない場所に同名の店がある。僕は『ホテルブライトンシティ大阪北浜』に泊まっていて、すぐそばにあったから、その店を気に入っているのだが、淀川沿いにも同じ名前の店があると、後から知って驚いた。どうやら系列店でも、本店支店関係でもないようだ。

上）『野田岩』のうな丼
下）『志津可』のうな重

大阪の鰻屋はたいていが関

西風の地焼きだが、この『志津可』は江戸風。あっさりと、しかしコクがあって旨い割に値段は安い。この辺りが大阪の店。取り分け北浜といえば、浪速《なにわ》商人の聖地ともいえる場所。その地で長く暖簾を上げているということだけでも、充分信頼できる。

ところで、鰻重における鰻蒲焼の配置には、なにか決まりがあるのだろうか。

一匹の鰻を半分に切り、頭の側を下、尻尾《しっぽ》のほうを上にして、横向けに並べる。ほとんどの店の鰻重はそんな風だ。

脂ののった胴の部分を先に食べ、よく運動して繊細な味わいの尾っぽ部分を後からじっくり味わう。そんな説もあるようだが、僕にはそこまでの味の違いが分からない。どっちも美味しい。胴を半分食べてから肝吸いでいっぷく。尾っぽを半分食べてまた肝吸い。最後に両方を一気食いするのが僕流の鰻重。きっと邪道なんだろうと思う。箸をつけるときにいつも迷う。どこから食べようかと。

そもそも鰻重には最初から迷いがあって、それは松竹梅の法則。

おおむね鰻重は三段階に分かれている。時にはそこに特上なんてものまで加わる。どう区別するかは店によって異なる。量の違いだと言われれば話は早い。それならたいてい一匹づけの〈竹〉にする。が、質の違いだと言われれば大いに迷うことになる。せっかくの鰻。できる限り旨いのを食いたい。だが、かと言って、昼飯とは到底思えないような金額だとバチが当たりそうな気もする。鰻は思いのほか悩ましい食い物である。

あるとき、ふいに鰻を堪能したいと思った。

鰻は意外に食べ飽きない。

たとえば鰻重を食べて店を後にし、ほんの五分ほども歩いた場所に鰻屋があって、店の外にまで煙を吐き出し、馨しい匂いをさせていると、つい鼻をひくつかせてしまう。ひょっとすると鰻のハシゴができるんじゃないかと思ってしまう。これが鰻の魔力。同じ匂い系でも焼肉やカレーだとそうはいかない。

昼となく夜となく、誰はばかることなく鰻を食べ尽くしたいと思った。となれば行先はおのずと決まる。言わずと知れた遠州《えんしゅう》浜松だ。

浜松で鰻づくし

ホテルは駅近くに取った。昼、夜、昼と鰻を食べようと思ったので、着いたのは朝の十時半過ぎ。当然ながらチェックインはできるわけもなく、荷物をフロントに預けて街に出る。

浜松で鰻といえばこの店、というのはどうも存在しないようだ。

「有名店てのも何軒かありますし、通好みの店もあります。ツアー客向けの大型店も中にはね。だけど、一番美味しい店って言われると……」

駅構内にあるインフォメーションセンターでの言。

ならば自分で見つけるしかない。さほど大きな町でもないし、おおむね鰻を食べさせる店は中心部にある。名の挙がった店の前を歩いてみた。

中で一番老舗《しにせ》っぽい空気を湛えていたのが『八百徳』。泊まっているホテルとは、ほんの目と鼻の先。まずはここから浜松鰻行脚を始めた。

ここ数年、やたら幅を利かせているのが〈ひつまぶし〉。

そのままで、混ぜて食べ、汁をかけて、と三度美味しいというのが売り物。この手の「食べ方に工夫を凝らした」ものは、話のたねに一度食べておけば充分。せいぜいが二、三度。繰り返し食べるものではない。が、最近鰻屋へ行くと、しつこくこれをすすめられて閉口する。

普通に鰻を食べたい。蒲焼、もしくは鰻重。『八百徳』でも最初は〈ひつまぶし〉をすすめられたが、あくまで僕は鰻重で押し通した。

壁にかかった〈八百徳〉の墨字。湯呑み茶碗の鰻のイラスト。年季の入った店であることを随所にうかがわせている。

立派な鰻重であった。鰻の身もしっかり厚く、食べ応えもあった。が、どうもその、本場感が薄い。加えてごはんが温《ぬる》い。鰻重のごはんというものは、火傷するくらいに熱々でなければならない。

浜松へ行って、美味しい鰻を食べたなぁと、思い出に残るかと言えば、そうとまでは言えない。微妙な味加減であった。

日本酒と蒲焼とワイン

さて夜である。夜も当然ながら鰻を食べたい。なんといっても〈夜のお菓子〉はうなぎパイ。鰻は夜にこそ食べねばならない。いや、普段は昼にしか食べないのを、浜松鰻行脚となれば、夜も鰻で通したい。

ネットで見つけたのは『魚魚一《とといち》』【地図K㉙】。

鰻行脚とはいえ、鰻だけを食べ続けるのは、いかにもキツイ。適度につまみもあり、できればワイン片手に鰻の白焼きなんぞを食えればいいナと思って探し当てた。

ネット情報だけで店を訪ねはしない。必ず一度は店の前まで行き、佇まいチェック。路面店ならすぐに分かるのだが、この店はビルの三階。入口からまっすぐ階段が伸びている。一瞬ためらうものの、初志貫徹。この手間を惜しむと必ず痛い目に遭う。

魚料理関係の店だとまずは匂いの確認。生臭い匂いが店の前に漂っていれば即アウト。それを消そうとしてか、やたら強いお香の匂いにも要注意。無臭がベスト。ランチ営業はしていないようで、掃除係と、仕込み担当だろうか、忙しく出入りしている様子が窺える。たいていは店のスタッフと鉢合わせする。店に入れてもらって夜の予約をする。が、この場に及んでもチェックは怠《おこた》らない。肌が合わなそうなら、また出直すと告げてあきらめる。

今回は何ら気になることもなく、スムーズに予約を済ませた。陽が落ちていざ出陣。ホテルからは歩いて十分もかからない。

カウンターに座ると、目の前には鮨屋のようなショーケース。開いたメニューにはずらりと旨そうな料理が並ぶ。お目当ての鰻はもちろん、鮨、天ぷら、クジラ料理と実に多彩だ。焼津《やいづ》の銘酒『磯自慢』のフルーティーな香りに合わせて、まずは鰻の白焼き。

ひとりで来たことを悔いるのは、この『魚魚一』のように料理の種類が多い店。あれもこれも食べたい気持ちはあるが、お腹がついていけない。赤ワインに切り替えて蒲焼を食べ、店の名物という〈魚魚コロッケ〉なるクリームコロッケを三個平らげたところでお腹はいっぱい。

残ったワインだけを飲んでいると、三人連れの隣客から声がかかった。男がひとりカウンターでワインを飲んでいることに興味を持ったようだ。どうやら地元の常連客らしい。浜松へ鰻を食べに来たというと、何軒かおすすめの店を挙げてくれた。中で、何度か耳にした店の名前はまったくのノーマーク、明日の昼はそこにしようと決めた。

『曳馬野』外観

お礼代わりに京都の旨い店を教えた。どこに行っても京都は人気がある。京都の店事情を話すと、三人は身を乗り出して聞いていた。

浜松という土地柄を考えると決して安くはないが、内容を考えれば充分その価値はある。再訪を期《き》しながらなかなか叶ってはいない。浜松の夜なら『魚魚一』。

地元に愛される味

明けて翌日。見慣れた界隈を歩く。なんのことはない、昨夜の『魚魚一』の隣町に目指す店はあったのだ。目と鼻

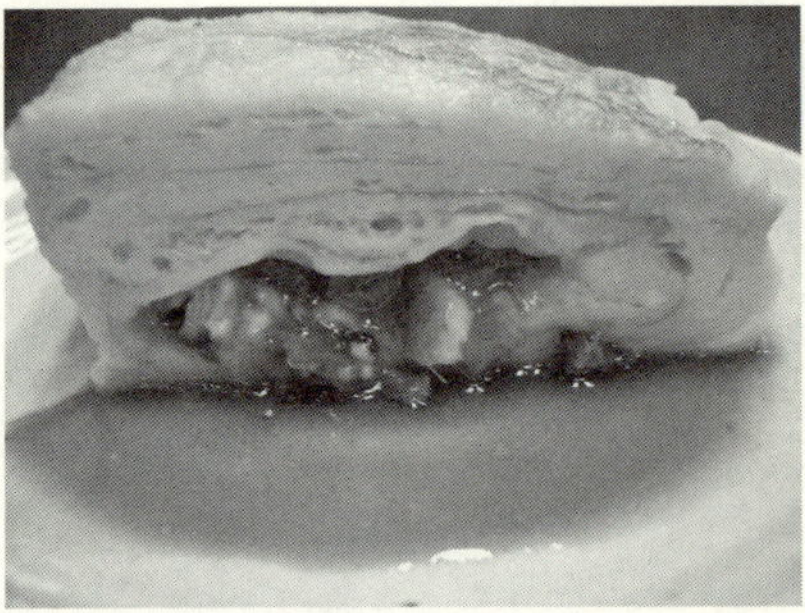
『曳馬野』の〈うまき〉

の先と言っていいほど。

十一時半の店開きと同時に暖簾を潜ったのは『曳馬野《ひくまの》』【地図K㉚】。思った通りの店構え。中に入ってもその空気は変わらない。

まずは〈白焼き〉と〈うまき〉。島田の酒『女泣かせ』。

特筆すべきは〈うまき〉。鰻の味わいもだが、出汁巻きの玉子が旨い。じゅわーっと染み出る鰻のタレを絡めて食べると、オムレツのごとき味。吟醸酒と白焼きは極めて相性がいいと思っている。わさびを多めにもらって、鼻ツーンを愉しみ、『女泣かせ』でそれを流す。

鰻重で〆たいところだが、この後食べたいものがあるので、一番小さい〈ミニ丼〉を頼む。と、これがいいのだ。蒸し加減、焼き具合、タレの味、どれもがまさに僕好み。鰻重にすればよかったかと少しばかり悔いた。

やはり地元の声は適確だ。その頃、『曳馬野』はとあるネット上の口コミサイトのランキングでは、〈浜松うなぎ〉で二十六位と人気薄だったが、二位だった『八百徳』と比べて何ら遜色ない、どころか、上を行く味だと思った。個人の嗜好と多数意見とは大きな隔たりがある、その好例であった。

ちなみにこの店の名『曳馬野』の曳馬とは、かつての浜松の名である。古くこの地は曳馬と呼ばれていたのを、家康が浜松と改めたのである。と、こういう由来を重ね合わせるのも、味わいのひとつとなる。

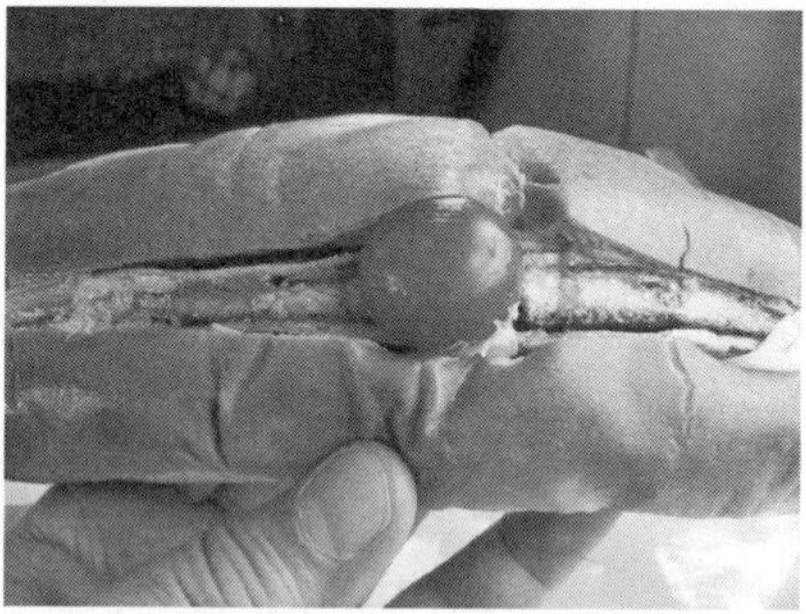
〈うなぎバーガー〉

さて浜松。鰻食べ尽くしの最後は〈うなぎバーガー〉。ちょっと際物《きわもの》っぽい気もするが、何事にもチャレンジ。

駅のキヨスクでの限定販売。運よく買い求めることができ、京都へ戻るこだまの車中でおパクリ。

姿形も含めてバーガーというよりドッグ。ミニトマトをアクセントにして、鰻より玉子の味が強い。玉子ドッグに鰻が少し入っているという感じ。ちょっとした虫養いには悪くない、と思ってはいるのだが、どうやら幻と化したようで、その後ついぞ姿を見かけることがない。

☆泊まるならここ

『オークラアクトシティホテル浜松』【地図K】

アクセス至便と、高層階からの見事な眺めが二大特徴。シングルでも二十三平米を超える広さと、クラシックな内装がうれしい。楽器の街浜松にふさわしく、壁紙に楽器の模様があしらってあったように思うが、定かではない。五百円で食べられるベーカリーカフェのモーニングセットは、他のホテルも見習ってほしいほどのお値打ち感がある。

信州松本の鰻

鰻の旨い土地。産地と離れてはいるのだろうが、僕の頭にまず浮かぶのは信州松本。ここでは二軒の鰻屋が鎬《しのぎ》を削っている。

『桜家《さくらや》』と『まつ嘉《か》』だ。

『桜家』【地図J㉕】のほうは、もう四十年近く通っている。昔は小さな店だったが、今は立派な料亭風。が、鰻の旨さは変わらない。笹で巻いた鰻おこわは、我が家の冷凍庫に時折り潜んでいる。

鰻の『桜家』といって、しかし真っ先に浮かぶのはきっと三島の店だろう。伊豆の行き帰りには必ずといっていいほど立ち寄る、僕好みの鰻屋。三枚入りの鰻丼をかっ込む旨さは格別のものがある。

同じ店名でも信州松本のそれは、かなり上品だ。あっさりした味わいは山男にはいくらか物足りないかもしれない。

この『桜家』には冬限定のメニューがある。

〈鰻白焼きそば〉なる珍味。穴子はよくあるが、鰻を載せた蕎麦は珍しい。信州らしく新蕎麦の上に白焼き鰻を載せ、山葵《わさび》、大葉、茗荷の香りを添える。蕎麦一杯とは思えぬ値段だが、食べれば納得の味。

もう一軒の『まつ嘉』【地図J㉖】。ここに辿り着くまでの道のりは実に長いものがあった。

昼だけの営業である。予約も受けてくれない。開店と同時に席は埋まり、昼どきに訪れてすんなりと食べられるものではない。かと言って、少し時間をずらそうものなら、売り切れている。何度ふられたことか。

『まつ嘉』の帳場

『まつ嘉』の〈うな弁当〉

念願叶ってようやく店に入った。下足箱がある。懐かしい帳場《ちょうば》がある。老舗の鰻屋らしい、実にいい佇まいだ。真っ当な鰻屋にふさわしい待ち時間。満席にもかかわらず静かなひととき。誰もがじっと待っている。

愛すべき友人、美ヶ原温泉の旅館主人花ちゃんいわく。

「松本で旨い鰻を食いたくなったときの合言葉。まつ嘉で待つか」

十一時半の開店だが、十一時過ぎには店を訪ねたほうがいい。注文を済ませて店の中で待つ。十一時半に行ったのでは遅い。

この店を強くすすめて、そうアドバイスしてくれたのが花ちゃん。的を射たアドバイスに感謝しながら待つことしばし。肝吸いを露払いにして現れた鰻重は威風堂々。三切れの鰻。これぞ鰻重という姿を見せた。が、ここでは〈うな弁当〉という品名だ。この店で〈うな重〉は鰻が四切れになり、ごはんと二段重になるようだ。僕は鰻とごはんが最初から重なっていないとダメなので〈うな弁当〉にした。

完璧なる江戸風。ふわりと柔らかい鰻に染み込んだタレの味わいは、僕の理想に近い。本当に旨いものを食うと、人は決まって無口になる。かさかさ、こそこそ、箸でお重の底をさらえている音だけが響く。

なぜ松本にはこんなに旨い鰻屋があるのか。やはりそれは山国だから、くらいしか思い当たらない。川魚文化のなせるわざ。

☆泊まるならここ

『ホテルアルモニービアン』【地図J】

新しいホテルである。松本城と女鳥羽川《めとばがわ》のちょうど中ほどに位置し、食べ歩きには便利な場所。部屋も広々としていて、アメニティもいい。古い銀行を改築したレストランもオシャレ。値段も手ごろなので、今、松本に泊まるならここがおすすめ。

九州でも鰻

と、もう一ヵ所、鰻の旨い場所を思い出した。それは九州福岡。

不思議と大都会である博多では旨い鰻屋に出会っていない。中洲川端の歴史ある店Zにも行ってはみたが、鰻はともかくも、残念ながら熱々のごはんではなかった。

多くのごはんもので、僕がこだわるのはこの、ごはんの熱さ。カレーや焼飯、丼ものまで、どれもごはんが少しでも温いとがっかりする。

鰻重を頼み、鰻を箸で切り、ごはんに載せて、最初のひと口。このときごはんが温いと急激にテンションが下がる。すぐさま電子レンジに入れて一分半ほどチンしたくなる。いくら旨い鰻だったとしてもこれでは興ざめ。

ここまでご紹介してきた店はどこも、この僕の基準を満たしている。熱々ごはんの鰻重のはず。が、ごく稀に、温いとまではいかないものの、あれ？　と首を傾げることが絶対ないとは言えない。器に盛ったときから冷め始める、ごはんの宿命ではある。そのときは不運を嘆くしかない。

絶対に熱々が約束されているのは鰻の〈せいろ蒸し〉。これなら蒸し立てが出てくるので、口の中が火傷することはあっても、温いごはんに腹を立てることはない。

水郷柳川《やながわ》。白秋の郷《さと》で食べる〈せいろ蒸し〉は、旅の情緒も相俟《あいま》って、ニッポン最高峰の〈旅鰻〉である。僕の贔屓《ひいき》は『元祖本吉屋』【地図外76】。

店の佇まいからしていい。茅葺《かやぶき》屋根の古民家。周囲には馨しき鰻の匂いが立ち込めている。

店に入って磨き込まれた板の間、老舗の風格にいたく感じ入り、長い待ち時間をものともせずにありついた〈鰻のせいろ蒸し〉が不味いわけがない。

幾分値は張るが、たっぷりと載った鰻の量と質を考えに入れれば、何の不足もない。想像以上に熱々である。蒸しせいろに入っているので、江戸風か関西風かは分からない。身の厚い鰻は皮目の香ばしさを残しつつ、噛むほどに口の中ではらはらと崩れる。東と西のいいとこどり。見た目はかなり濃厚だが、食べると意外にあっさりとしていて、薄焼き玉子を合いの手にすれば、するすると、すんなりお腹に収まる。

と、ふと隣の客が注文した蒲焼を見てデジャビュ。どこかで食べたことのある鰻の眺め。朱漆の丸い椀に鰻が四切れ、ねっとりとタレをまとって横たわっている。一見、佃煮かと思わせるほどの飴色鰻に、はて何処で出会ったか。〈せいろ蒸し〉を食べ終えて、川っぷちを散策していて思い出した。

同じ九州は唐津《からつ》。名旅館の誉れ高い『洋々閣』のご主人

『元祖本吉屋』の〈せいろ蒸し〉

が案内してくださった鰻屋『竹屋《たけや》』【地図外82】の蒲焼もこんな風だった。違いは器。『竹屋』はたしか有田焼の丸い鉢。お櫃《ひつ》に入ったごはんと一緒にお盆に載って出てくる。なるほど、こういう食べ方もあるのかと感心し、地焼きの鰻を愉しんだことを思い出した。ということはこの柳川でも鰻は地焼きなのだろうか。

そして、北九州の鰻で忘れてならないのは小倉の名店『田舎庵《いなかあん》』【地図a74】。僕の処女作『泊酒喝采』の表紙を飾った小倉の鮨屋『天寿し』で、その名を教わって以来、北九州方面での仕事があれば、極力立ち寄るようにしている鰻の名店。

せいろ蒸しもあるが、僕はいつも鰻重の〈竹〉。天然鰻は食べてみたいと思いながらも、懐《ふところ》と相談すると必ず養殖でいいか、となる。この辺りの空気もだが、甘さを抑えたタレ、ふわりと柔らか過ぎるほどの焼き加減も、どことなく『野田岩』に通じるものがある。西日本ではこの店を超える鰻にまだ出会っていない。

☆泊まるならここ（小倉）

『リーガロイヤルホテル小倉』【地図a】

さすがの老舗ホテル。築年数の古さは否めないが、客室に入ればそれを感じさせない清潔感がうれしい。何よりも部屋が広い。ひとり泊まりならダブルルーム。三十平米はある。おおむね眺めも良く、新幹線口と直結しているから、アクセスも申し分ない。

3．JR品川駅山手線ホーム『常盤軒』の〈品川丼〉

立ち食い蕎麦ならぬ、立ち食い丼

駅ホームの立ち食い蕎麦というのは、なぜこれほど旨いのか。列車の発車時刻を気にかけながら、丼鉢を手に麺を啜るとき、いつもそう思う。

たいていは朝。例によって二日酔い。ホテルで朝食を摂る時間的余裕も、食べたいという気持ちもなく、とにかく改札口を通過し、ホームへと急ぐ。

と、ふと目に入るのがホーム中ほどにある立ち食い蕎麦のコーナー。出汁のいい香りが漂ってくると、急激に胃袋が目覚め始める。なぜかいつも掻《か》き揚《あ》げ蕎麦。券売機で購入した食券をオバチャンに渡し、時計を見る。発車まではまだ十分以上ある。余裕だ。

「はい。お待ちどお」

カウンターに置かれた蕎麦からはもうもうと湯気が上っている。箸立てから割り箸を取り、口にくわえながら、七味の缶を取ってパラパラと振りかける。くわえたまま割り箸を割り、小さく手を合わせてまずはつゆを飲む。これが旨い。やや濃いめである。掻き揚げのコロモから油が滲《にじ》みだし、つゆに混ざる。

更科だとか、田舎だとか、石臼《いしうす》挽《び》きなどとは無縁の蕎麦がいい。十割はおろか、二八もいかない。蕎麦が蕎麦であればそれで充分。三分もあれば食べ終えてしまう。

信州を旅していると、ついこの駅蕎麦に目がいってしまう。あるいは山手線もそうなのだ。京都に住んでいると、山手線のあの運行頻度というのは信じられない。発車したと思うと、もう次が来る。しかもどれもが満員。さすが東京は人口密度が高い。と感心しつつ、ふと気づくのは、次から次に列車が来るのだから慌てる必要がない。いつもは時間に迫られながら食べる立ち食い蕎麦も、ここでは悠々と食べられるのではないか、とひらめいた。

僕にとっては大発見である。そう思って見回すと、思った以上にたくさん店がある。小腹が空いたときに、何軒か食べてみて、さらなる発見があった。蕎麦屋の丼である。

品川駅の山手線ホーム。『常盤軒』【地図I⑲】という店だ。

いつものように券売機で〈かき揚げ天そば〉の食券を入手し、京都人には『新福菜館』のラーメンスープを彷彿させる濃い色の出汁をまずは味わう。僕はこの醤油の勝った出汁も好きだ。蕎麦を啜る。と、隣の客の丼鉢に目をやると、かき揚げ天丼ではないか。しかもかなり旨そうである。

とは言え、蕎麦に天丼を追加するほど、胃袋に余裕はない。加えて打ち合わせを兼ねたランチが一時間後に控えている。この日はあきらめて、捲土重来《けんどじゅうらい》を期した。

存外早くリベンジの機会が訪れた、というより無理やり作ったというのが正解だろう。東京に来ると、鮨、鰻、天ぷらは必須の食。『山の上ホテル』の天丼を食べようと思っていたランチタイムをこちらに切り替えたのだ。随分と安上がりになるのもうれしい。

この日は水道橋近くのホテルに泊まっていたので、結構な移動距離だが、関西に比べてJR運賃が安いのもありがたい。総武線、山手線を乗り継いで三十分近くかかったが、運賃は百九十円。

見慣れたオレンジの暖簾と、〈そば処〉の文字が目に入ると自然、早足になる。いつもは迷う券売機の前も、この日は迷うことなく〈品川丼〉四百五十円也。ワンコインでお釣りが来るのも駅蕎麦のいいところだ。

さてその〈品川丼〉。さすがに『山の上ホテル』のそれと比べるわけにはいかないが、これはこれで充分美味しい。まずは見た目からしていい。関西にも蕎麦屋の天丼はあるにはあるが、いかんせん色が薄い。白いごはんの上に、白い天ぷらが載っていても、一向に食欲が湧かない。そこへいくと関東はいい。どっぷりとつゆに浸したのだろう。黒々としたかき揚げは迫力満点だ。

さくっと揚がっているかと思いきや、もっちり系。タコかイカかは分からないほどの破片が混じったコロモは、出汁の味をしっかり吸って美味しい。桜エビらしきものも時折り歯に当たる。車海老や何かの、しっかりした具が欲しくもなるが、この値段だから文句は言えない。天かす丼だと思えばいいわけで、この濃厚な味わいは捨て難いものがある。

吸い物がまたいい。蕎麦のかけつゆ、いわゆる〈天抜き〉を思いついて、かき揚げを少し箸でちぎって浮かべてみた。途端に汁の表面に油の膜が広がる。うん、こっちがいい。

キューリのキューちゃん的な漬物を合いの手に、かき揚げをちぎっては汁椀に入れ、これをおかずとして、丼の中のつゆの染みたごはんと食べる。いやはや、これは旨い。

立ち食い蕎麦屋の常として、隣の客との距離が近い。カレーの匂いが漂ってくる。

楕円形の銀皿にはカツカレーだろうか。昔懐かしい黄色いカレーだ。次はあれにしよう。

横目で見ながら〈品川丼〉をしっかりと平らげた。

江戸には古くから深川丼というものがある。〈品川丼〉もその手のものかと思い、オバチヤンに訊ねてみようとしたが、あまりに忙しいようで、ついにその機会を得られぬまま店を出た。次回、カツカレーを食べた後に必ず訊ねてみよう。そう固く心に決めて、山手線に乗り込んだ。

☆泊まるならここ

『京急ＥＸイン品川駅前』【地図Ｉ】

まさか駅の立ち食い蕎麦屋のためだけに、品川で泊まることなどないだろうが、一応決まりなので（誰が決めたのか）。かつてのホテルパシフィック東京のリブランドホテルである。やや高級なビジネスホテルは部屋も広く、快適に過ごせる上にアクセスは便利で、コストパフォーマンスは極めて高い。東京での定宿となりつつある。

４．ニッポンのカツ丼

カツ丼に王道なし

カツ丼。これほど多岐にわたってバリエーションの豊富な食べ物も他には思い当たらない。

基本的にはごはんの上に揚げたカツを載せ、玉子でとじた和風味。親子丼のカツバージョン。これがカツ丼の王道。

よく考えたものだと、カツ丼を食べるたびに感心する。そもそもが、カツという揚げものを発明しただけで充分特筆すべきことなのに、それをさらに丼物に仕立て上げる。敬服するしかない。日本中どこに行ってもこの味を食べようとすれば食べられるというのも、素晴らしい話だ。

ではあるが、不思議なことに、これを名物とする土地は存在しない。われこそが日本一のカツ丼だと言い切る店、土地はない。今からでも遅くない。おらが村のカツ丼は……と自慢すれば村興しの切り札になることは間違いない。

とは言え、物凄く旨いカツ丼というのもどうかと思う。

カツ丼という食べ物は、〈そこそこもの〉の代表である。とんでもなく不味いカツ丼というのも滅多にないし、飛び上がるほど旨いカツ丼というものにもまず出会うことがない。

――こだわりにこだわり、選び抜いたイベリコ豚の肩ロース肉に、ブーランジュリーに特注し、三ミリ大に挽いたパン粉をコロモにして、百六十八度に熱したオランダ製のサラダオイルで二十二分揚げます。米はミルキークイーンだけです。その日に使うぶんだけを自家精米して、薪のかまどで炊き上げます。ウコッケイの玉子を二個使ってとじます――

そんなカツ丼は敬して遠ざけたい。

――時分どきを過ぎ、食べそびれてしまった昼食を摂ろうと、JR川越線M駅前のN食堂に入る。客の姿はまばら。白い前掛け姿の主人らしき老人が、視《み》るともなく壁のテレビを見上げ、煙草を吸っている。僕を見て、小さく「いらっしゃい」。吸殻をアルミの灰皿に押しつけ、白い帽子をかぶって厨房に入っていく。

テレビの下にずらりと貼られたメニューを順に見る。ピンク色の画用紙が定食系、オレンジが麺類、黄色がライスものと分けてあるようだ。Aランチ（ボリューム満点！）は八百八十円。ハンバーグ（大）、エビフライ（中2）、トンカツ、サラダ、ライスつきとある。チャーシュー麺（自家製煮豚入り）六百八十円にも魅かれたが、結局はカツ丼（当店人気ナンバーワン！）五百五十円に決めた。五百五十円のところは最近貼り替えた痕が残っている。きっと値上げしたのだろう。以前は五百二十円だったことが透けて見えているのがご愛嬌。

新聞を広げて待つこと三分。「お待ちどおさん」と運ばれてきたカツ丼。注文が通ってから揚げたのではなく、揚げ置いたカツを出汁で温めて玉子でとじたのだろう。若い頃なら怒りに震え、星一徹のごとくテーブルを引っくり返すところだが、齢を重ねた今はそんな愚かなことはしない。還暦を前にして悟りの境地に達している。箸を取り、感謝の気持ちを籠めて合掌し、玉子でとじたカツを一切れ口に運ぶ。思った通り。これはこれでそこそこ美味しい。

五百五十円のカツ丼に多くを求めてはいけない。この辺りもローカルグルメを愉しむコツである。浅草界隈の一杯二千円近くもするカツ丼と一緒に論じるなど愚かなことである。千日回峰ならぬ、千日外食を続けてくると、阿闍梨《あじやり》さまのように無我の境地になれるのだ。タレの染みたごはんも美味しい。七味をふりかける。と、ここで残念なのは粉山椒が置いてないことだ。

親子丼もそうだが、玉子でとじた味には粉山椒が必須なのに、地方はもちろん、東京の店にも常備していないのは腹立たしい限り。魔法の粉とも思える粉山椒をふりかければ、数倍は旨く感じられるのにと惜しんだ。

こういうカツ丼のほうが、構えなくてもいい分、心安らかに食べられる。これがカツ丼のいいところだ。蕎麦もラーメンも、マニアというのかフリークたちのおかげで、しち面倒くさい食べ物になってしまった。今やカツ丼は最後の砦《とりで》。どうかそっとしておいてほしい。

というわけで、王道の玉子とじ系カツ丼が横綱だとすると、大関に値するのはソースカツ丼だろう。しかしそのソースカツ丼の中にもいくつかのバリエーションがある。上にかかるソースの違い。大きく分けて四段階。

名古屋に代表される味噌カツ系。駒ヶ根《こまがね》辺りの濃厚ソース系。岡山などのデミカツ系。そして福井、新潟など、和風に近いさらさらソース系。

居酒屋の章でも記すように、名古屋の味噌カツ系は苦手の部類に入る。酒飲みには重過ぎるのだ。そういう意味では次の段階、駒ヶ根系のソースカツ丼も幾分重い。

『高橋』のカツ丼

ちょっと風変わりなソースカツ丼として、信州松本駅前の『高橋』【地図J㉗】がある。

とにかくボリュームがあると聞いて、しり込みしていたのだが、あるとき強引に誘われて店に入った。大盛り、並盛り、小盛りがある。小盛りで、とくれぐれも念を押したが、出てきたのは普通の店なら並以上のボリューム。食べ切るのは無理だろうと即座に判断した。

不思議なのは、ソースカツなのに玉子でとじてあること。

これはいい。ソースのくどさを玉子が和らげてくれ、しかしソースならではの風味はちゃんと感じられる。かなり不思議なソースカツ丼だ。と、なんだかんだ言いながら、結局はぺろりと平らげてしまった。

しかし、ソースカツ丼系で僕のおすすめは、誰がどう言おうと（多分誰も何とも言わないだろうが）北陸福井にある『ヨーロッパ軒』のカツ丼。

何軒か支店があって、僕がよく行くのは敦賀《つるが》本店【地図外83】。堂々たる洋館建築ながら、店の中はいたって気軽な食堂風。ここのカツ丼を僕はヤミツキカツ丼と呼んでいる。長く間が空いて、久しぶりに食べると、もう次が待てない。わざわざ敦賀まで足を運んででも食べたくなる。

薄いコロモ、薄いカツ、和風に近いさらさらソース。ごはんに染みたソースは鰻重にも似て、濃密な味わいながら、あっという間に平らげてしまう。

オーストリアはウィーンの名物料理、ウィンナーシュニッツェルに似ていなくもない。そう考えれば、店の名の『ヨーロッパ軒』につながるような気もしてくる。こういう謎解きも愉しい。

日本各地、どこにでもあるカツ丼だが、そのバリエーションは豊かで、かつ奥が深い。

しかし何と言っても手痛い目に遭ったのはデミカツ丼。二度と食うまいと固く心に決めたほどであった。

岡山『だてそば』のカツ丼

立春を過ぎた頃。仕事で岡山を訪ねた。主たる取材先は倉敷なのだが、僕には岡山の郊外に行きつけの鮨屋があり、それもあって岡山にホテルを取った。

かねてからの念願であるデミカツ丼を食べんとして、店を探した。ホテルで訊いて地元出身だというフロント嬢はXという店を教えてくれた。

行列必至の人気店という彼女の言葉通り、十一時半を過ぎて店に辿り着いたときには、すでに店の前には長い列ができていた。

食べるために並ぶなど論外、ではあるが、この日はどうしてもこのデミカツ丼を食べたいという気持ちを抑え切れず、加えて、愛くるしい笑顔が素敵なフロント嬢に成果を報告せねば、という義務感も合わさって、じっと我慢の子になり、ようやく昼過ぎになって席に着いたのだった。

店に入ると右側にテーブル席、左側にカウンター席が並び、奥に厨房が広がっている。カウンター席の奥から三つめ、赤い丸スツールに腰かけた。

何迷うことなくカツ丼を注文。と、大か小もあるが、と念を押された。と、先客を見ると、どうやら小カツ丼と小中華そばをセットにして食べているようだ。しばらく逡巡した後、変更することなく並カツ丼にした。

混《こ》み合っている店で、ひとり客は不利を強いられる。埋もれてしまうからだ。右隣のカップル、左側の三人組。どちらも僕の後に注文したはずなのに、すでに料理が届いている。少しばかりイラつく。まぁ、そんなこともあるのではないか、と鷹揚な態度を見せつつ水を飲むが、それも限りがある。右隣のカップルがほぼ食べ終えようとしたのを見て、店員さんを呼んだ。と、すぐに事情を理解したのだろう。厨房に向かって何事か叫ぶと、ようやく僕のカツ丼が届いた。

それを見た瞬間にダメだと分かった。カツの上にかかったソースに薄い透明の膜が張っているのだ。でき上がって後、しばらく厨房の中で放置されていたのだろう。

せっかくだからと箸をつけ、何口か運んだが、食べ終えることは到底できなかった。冷めていなければ、と思わないこともなかったが、もっそりと粉っぽいデミソースは口に重い。カツも揚げ過ぎの感は拭えない。

岡山のデミカツ丼はこの程度か、とため息を吐きながら箸を置いた。

こういうとき、気の弱い僕は、自分が悪いことをしたかのように、フロント嬢と顔を合わせるのを避けてしまう。いわゆる、気まずい、というやつである。彼女を責めるのは酷《こく》というものだろうが、かと言ってヘラヘラと笑いながら報告できるものでもない。沈黙は金なりとばかり、結局チェックアウトまで顔を合わすことはなかった。

そんな顛末を知己のカメラマンに話すと激しく同意された。彼もまた岡山のデミカツ丼にヤラレタ口であった。名物に旨いものなし！　の典型例だとまで彼は言った。

月日は流れ、また岡山を訪れることとなった僕は、デミカツ丼に再チャレンジしたい気持ちを抑えられなくなっていた。いくつかの雑誌のカツ丼特集で岡山の、とある店のそれを誉《ほ》めちぎっていたからである。写真を見ると、僕が食べたのとは、かなり違っているようだ。いわゆるリベンジというやつである。店の名は『だてそば』【地図Y㊼】。だて、は店主の苗字なのだろうか。

行列は必至と聞いて、開店前に駆けつけた。ビルの一階。古めかしい三角屋根と赤い暖簾が目印。

すでに三人並んではいるが、店が開くと同時に入れるだろうと読む。上を見上げると白い看板に〈支那そば　かつどん〉とある。あっという間に僕の後ろに長い列ができる。タイミングよし、だ。

読み通り、すぐに席に着く。オーダーも決めていた。カツ丼と中華そばのセット。スムーズに事が運んでいたが、ここでちょっとつまずく。定食か半々か、と訊かれた。さらにはカツ丼定食か、そば定食か、とも。

説明を聞いてようやく理解した。〈カツ丼定食〉は並のカツ丼プラスミニ中華そば。〈そば定食〉は並の中華そばにミニカツ丼。〈半々定食〉はどちらもミニサイズ。喜んで〈半々定食〉、ジャスト千円。

『だてそば』の〈半々定食〉

さほど待たずに両方が同時に出てきた。ひと目見た瞬間、これならいけると思った。同じ岡山の人気店ながら、前に食べたXとは見た目からして違う。食べるともっと違う。あの甘ったるい、どろりとしたソースと違い、辛口のソースにざぶんとつけて引き上げたかのようなカツが美味しい。きっとXは女性好みなのだろう。こちらは男臭いカツ丼だ。人の好みは様々だと、改めて感じたのは中華そばも同じ。Xがブラウン系なのに比べ、『だてそば』はカツ丼も中華そばも黒々としている。

この黒さに見覚えあり、だ。岡山名物の〈エビメシ〉。これもまた不思議なごはんもので、カレー味のソースをごはんに絡めてあるのだが、見た目はかなり黒い。小エビと錦糸玉子がアクセントになっていて、一度食べるとクセになる味わい。ドライカレーとも違い、ましてやエビと名がつきながら、エビピラフとは全くの別物。この〈エビメシ〉と、『だてそば』のカツ丼は見た目が同じような色合いをしている。

黒い！　岡山名物エビメシ

味もきっぱりと濃い。カツ丼のカツに玉子の黄身を絡めて食べるのも新鮮だった。店によって、これほど味が違うとは思わなかった。これなら誰にでもすすめることができる。岡山のデミカツ丼は旨い！　そう結論づけた。

☆泊まるならここ

『ダイワロイネットホテル　岡山駅前』【地図Y】

お気に入りのチェーン、ダイワロイネット系だから安心して泊まれる。

駅の真ん前に位置し、駅側の部屋を指定すると、駅の動きが眺められて愉しい。僕はいつもマッサージチェアのついたビジネスルームを選ぶ。幾分デスクが狭いが、食べ歩きの旅なら仕事は抜き。マッサージチェアでまどろむのがいい。

5．日本の国民食カレー

カレーの正しい食べ方

いつからそう呼ばれているのか、カレーは日本の国民食だそうだ。

もともとはインド発だろうが、例によって日本人は独自のアレンジを加え、かつ様々なバリエーションを編み出した。麺類の章で書いたカレーラーメンなどがその典型だ。

が、普通のカレーライスというものも、なかなか奥が深い食べ物であって、猛暑と節電の二〇一一年の夏には冷やしカレーなるものまで流行した。

カレーのルーツを探ってみても仕方ないだろうと思う。

それより問題は、普通のカレーがどんどん少なくなっていることだ。

激辛を売り物にしたり、メガとつくような大盛りが人気だったり。あるいは本格派。何十種類にも及ぶスパイスを調合し、何日だか寝かせた云々……。そういうものではなく、ただのカレーが食べたいと願っても、存外これが難問。チェーン店に頼るのが最も無難だったりする。

街歩きの取材をしていて、偶然見つけた御徒町《おかちまち》の『サカエヤ』【地図G⑰】なんかが好きだ。オレンジ色のファサードに〈カレーの店　自家製造　待ち時間○分〉とある。こういう店が好き。

ガラスのドアに貼られたメニュー。〈ポークカレー〉が五百八十円。値段も実にいい。迷わず店に入った。

らっきょと福神漬け取り放題も気に入った。福神漬けはともかく、チェーン店でもらっきょは別料金だ。太っ腹な姿勢にますます期待が高まる。

スプーンを包んだ紙ナプキンをもどかしく解く。これも正しい姿。白い丸皿。白いごはんを七割ほど覆うカレーソース。僕が名づけた〈カレー池〉ができているのも極めて好ましい。

東京の街中で、この値段でこの旨さはないだろうと、ひとり悦《えつ》に入《い》った。こういうカレーが食べたかったのだ、と何度もうなずいた。これぞ正しきニッポンのカレーライス。

あまりに気に入ったので、あちこちで吹聴《ふいちょう》しているが、誰もこの店の存在を知らないでいる。東京という街はあまりに巨大すぎて、こういう店はかえって目立たないのだろうか。カレーライスの本場はどこか。西洋料理の発祥と同じく長崎か。あるいは海軍カレーで知られる横須賀か。『新宿中村屋』を擁《よう》する東京か。

本場とまで言えるかどうかは分からないものの、日本中、これほどまでにカレーを普及させたのが大阪だということは意外に知られていない。

日本で初めてカレー粉を商品として売り出した『ハチ食品』、カレールウを生み出した『ベル食品工業』、さらにはレトルトカレーの元祖〈ボンカレー〉の生みの親である『大塚食品』。これらの会社はすべて本社は大阪にある。つまりはカレー粉も、カレールウも、レトルトカレーも、すべては大阪発だということ。

そんな歴史からか、大阪にはカレーのチェーン店も多く、また単独店でも個性を競うカレーショップが街のあちこちに存在している。

甘みが強過ぎて僕の好みには入らないが、『インデアン』や『ピッコロ』などは繁華街に多く店を構えている。

中で、強烈な個性を発揮しているのが『自由軒』【地図T54】。見た目のインパクトからしてすでに他のカレーを圧倒している。

古く、ちょっと気取ったカレーはライスとソースが別盛りだった。独特の姿形をした銀の容器にカレーソースが入り、それを少しずつレードルでごはんにかける。一度に全部かけるのは下品だという話まであった。

ひと皿にごはんとソースが一緒になっていても、ごはんの白い部分は多く残されている。どの時点で、どれくらいカレーソースを混ぜるかは客に委ねられるのが通常のカレーライス。

だがこの『自由軒』カレーは最初から混ぜてある。それも実に丁寧に満遍なく混ぜてあるのだ。

この手の店の常として、元祖だか本家だかがあるようだが、あまり気にしないようにしている。どちらも味に大きな差はないように感じる、などと書けばきっと熱烈なファンからはお叱りを受けるだろうが。

真ん中に穴を掘って、生玉子を落とすのが『自由軒』流。これを崩しながら食べる。途中で特製の卓上ソースをかけると、また味に変化が生まれる。

真似のできないことではないが、これに似たカレーを他

大阪『自由軒』の〈名物カレー〉

の店で見ることはほとんどない。

今はなき京都の名店『インデアン』くらいのもの。何軒かが続けばきっとヒットすると思う。『第二自由軒』の出現が待たれるところ。

と言ったところで、昔ながらのカレー。実は北の大地にあることを、偶然見つけてしまった。

元祖と本店――函館『小いけ』のカレー

夏の盛り、豪華客船『飛鳥Ⅱ』に乗り、函館の港に着いた。BSフジの番組『絶景温泉』のロケである。横浜港の大桟橋から乗船し、二泊三日ではあったが、大いに船旅を満喫し、名残を惜しみながら、寒風吹きすさぶ函館港に降り立った。

迷走台風の影響もあったのか、夏にもかかわらず函館の街は寒さに震えていた。湯の川温泉に泊まってロケを済ませた後、僕は駅前のホテルにもう一泊することとなった。

関西に住んでいると、函館という街は果てしなく遠く感じる。同じ北海道でも、札幌にはさほどの距離感を感じないのに、そして地図で見ると函館のほうが近いのに、だ。

きっとアクセスの問題もある。函館と伊丹《いたみ》空港には直行便がない。かろうじて関空で一日二便飛んでいるだけだ。札幌－伊丹間には、便数は少ないものの直行便がある。その違いもあって、心理的に函館は遠いと感じているわけだが、結果としてこれが思わぬ落とし穴となった。

船旅と函館ロケ。両方合わせるとけっこうな日数である。拘束されることが至極苦手な僕は、最終日の函館で自由時間を取れることにホッとした。ロケ隊は羽田へ飛ぶが僕は関空へ、だからなのだが、どこを見物するわけでもなく、ただただカレーを食べようとしていた。

名にし負う『五島軒《ごとうけん》』【地図Ｄ⑩】である。何しろ明治十二年創業という、老舗中の老舗。洋食屋ではあるが、一万五千円のフルコースもあるという高級レストランである。この店のカレーが旨い。以前ここを訪れた際は〈インド風チキンカレー〉を食べたのだが、〈海の幸カレー〉というのが気になっていた。今回はこれを食べようという目論見である。『飛鳥Ⅱ』のランチビュッフェで食べた〈飛鳥カレー〉も引き金になった。なかなかの旨さだったのである。カレーはカレーを呼ぶ。

駅前から市電に乗って、海峡通の十字街で降りれば店はすぐそこにある。ホテルの朝食を軽めに済ませて、ランチカレーに備えた。

まずはフライトの変更をと営業所に電話を入れる。と、ここで思わぬ問題が発覚した。函館から関空へは、先に書いたように一日二便しか飛んでいないことを、このときになって、ようやく知った。

滅多に飛行機を使わず、ほとんどが新幹線と在来線を乗り継ぎ移動している、その慣れから油断があったのだ。

予定していた十一時二十分発の後は、十八時三十分発まで便がない。たかがカレーひと皿のために、七時間を費やすかどうか。大いに悩んだ。が、せっかく函館まで来ていて、次にこの地を訪れるのはいつになるか分からない。フライト変更を決めて、『五島軒レストラン雪河亭《せっかてい》』へ予約の電話を入れた。のだが、なぜかなかなかつながらない。控えておいた番号が違っているのかとネットで調べてみることにした。が、ここでもまたトラブル発生。サーバーエラーと表示されブラウザが開かない。

やむを得ずフロントまで降りていき、事の次第を伝えた。ネットの件はすぐに対処するとして、とりあえず『五島軒』の電話番号を調べてくれることになった。なかなかテキパキした対応である。

「どうしても『五島軒』のカレーが食べたくて。やはり函館に来たらあのカレーを食べて帰らないとね」

そう僕が言うと、電話番号をメモ用紙に書き写してくれているフロントマンが、ちらっと顔を上げた。

「カレーがお好きなんですか？」

「大好物ですね」

カレーを思い浮かべた僕の口はすでに唾液が湧きだしている。

「〈小いけのカレー〉は行かれました？」

フロントマンが僕に笑みを向けた。

「〈小いけのカレー〉？　何です、それ？　聞いたこともないですが」

してやったりとばかりに、フロントマンが〈小いけのカレー〉なる店のことを懇切丁寧に教えてくれた。

思わぬ展開である。フライトを半日遅らせてまで食べようと固く決意したはずが、ゆらゆらと心が揺らぎ始めた。

いくらフロントマンおすすめだとはいえ、僕はこのとき初めて知った店の名前である。一方で僕が行こうとしているのは創業百三十年以上の老舗だ。迷うことはない。初志貫徹と胸に秘めながら、メモ用紙を固く握りしめた。

部屋に戻り、再びブラウザを開くと、フロントマンの言葉通り、あっさりつながった。すぐに〈小いけのカレー〉を検索してみた。

〈函館 印度カレー小いけ 創業昭和二十三年〉とあった。明治と昭和。大きな開きはあるが、昨日今日の店でないことだけはたしかだ。店のホームページを開くと、レトルトパックまで売り出している人気店であることが分かった。店の場所も『五島軒』とさほど離れていないようだ。少し心が動くものの、まだやはり『五島軒』のほうが僕の中では有力だ。

調べ始めて、おもしろいことが分かった。〈小いけのカレー〉には元祖【地図D⓫】と本店【地図D⓬】があるようなのだ。と、ここに至って形勢が逆転し始めた。元祖と本店、本家争いのようなパターンは京都にも時折り見かけられるが、野次馬根性からすれば、かなりの興味を引く。

——時間はたっぷりある。二軒食べ比べるという手もあるではないか。何よりこの流れ。電話がつながらず、ネットもつながらず、結果フロントマンからこの店の存在を知らされた。流れは〈小いけのカレー〉である——

天の声が聞こえてきた。

〈元祖〉のカツカレー、素晴らしきかな

たしかに不思議な展開ではあった。偶然が重なり過ぎているといえば、そう言えなくもない。やはりここは〈小いけのカレー〉だろうと決めて、さて本店か元祖か、どちらにすべきか。幸い両店はすぐ近くにあるようだ。店の前まで行って佇まいを見てから決めればいい。

函館の市電は高密度運行というのだそうで、要するに本数が多いということ。たしかに五分置きくらいに次々と電車が来る。駅前から乗り込んで、宝来町《ほうらいちょう》の電停で降りた。

まずは電車通りに面した本店から。小洒落た洋館には『印度カレー小いけ本店』とある。創業者らしき顔写真をあしらったセピア色の看板が、いかにも〈本店〉を主張している。ガラスのショーケースにはサンプルメニューが並ぶ。レトルトパックも並び、いかにも商売上手な雰囲気を醸し出している。行列などはできていない。

と、看板の横の通り奥に黄色い看板が見え、赤い字で〈元祖〉とある。どうやらあれが〈元祖〉店のようだ。まさかこんなに近いとは思わなかった。

細い通りの中ほど、黄色いグラデーションの外観はかなり強烈だ。〈本店〉に比べてカレーの主張が強い。〈本店〉がレストラン風なら〈元祖〉は食堂然とした店構え。どちらか一軒を選べと言われれば、さて誰もが大いに迷うことだろう。

女性ならきっと〈本店〉を選ぶだろうが、話のタネになりそうなのは間違いなく〈元祖〉。迷わず店に入った。入ってすぐ、アタリだと確信を持った。

思ったより店の中は広く、相当にディープである。

黄色いメニューボードがぶらさがっている、その奥が厨房のようだ。

席がまたディープなことこの上ない。観葉植物と怪しげな像を囲むように設《しつら》えられた楕円形の席に座る。十一時を過ぎたばかりだというのに、かなりの入り。三十席近い店内は半分を超えて席が埋まっている。

改めてメニューボードを見る。カレーのバリエーション以外に、なんと丼物がある。カツ丼、親子丼、玉子丼。意表を突かれた。ちょっと〈カツ丼〉にもそそられる。

いやいや、カレーを食べにきたのだ。自分にそう言い聞かせてオーダーする。きっぱりと〈カツカレー〉。

こういう店は待ち時間も愉しい。他の客の様子を見ていれば飽きることがない。何を食べ、どんな時間を過ごしているのか。人間ウォッチング。カレーソースは例の銀の器に入っているようだ。店構えからして少し意外。ドバッと全部かけてしまう客もいれば、食べる分だけ少しずつかけて食べる客もいる。千差万別。

ややあって〈カツカレー〉が出てくる。あれ？　こっちは最初からカレーがかかっている。なぜ供し方を変えているのか、その理由は最後まで分からなかった。同じ〈カツカレー〉でも別添えにしている場合もある。大盛りだからだろうか。

別段不満があるわけではなく、むしろ僕はこのひと皿盛りのほうが好きなので、理由は聞かずにおいた。大したわけはないかもしれないし、それはそれは深い理由があるのかもしれない。初めての店ではそれくらいの謎を残しておきたい。

一枚のカツを細長く、六、七切れに切ってある。このカツを僕はスプーンを横に立てて、半分に切り、ごはんとカレーを混ぜたところに載せて食べる。そうするとカツがひと口に入る。うまく按分して、十二、三回スプーンを口に運んで食べ終えるのが僕にとって最上のカツカレー。〈元祖〉のカツカレーはまさに、その通りにして食べ終えることができた。

思っていたよりも相当辛い。見る間に額の汗が流れ落ちてきた。

港町函館のカレーは老舗洋食レストランだけに留まるものではないことに心が動いた。カレーが日本の国民食と呼ばれるようになったのは、こういう店の存在があるからなのだろう。素晴らしきかなニッポンのカレー。

☆泊まるならここ

『ロワジールホテル　函館』【地図D】

ＪＲ函館駅の真ん前にあるこのホテルは、かつてハーバービューという名前だったはず。時代とともにホテルの名前も変わる。ロワジールは沖縄にもあり、港の近くにあって眺めも良く、心地よく過ごせたのを思い出す。ほどのいいホテルだ。ビュッフェ朝食にカレーがあったので思わず食べてしまったが、これもなかなかの味だった。函館はカレーの街である。

第4章　ローカル居酒屋紀行

1．地方の居酒屋事情

ひとり旅の夕餉《ゆうげ》。旨い酒を飲みながら、時折り地元の話などを聞き、ゆったりと夕食を摂りたい。そういうときには居酒屋がいい。

団体に占領されているような大型店や、カップルばかりが目につくオシャレな店は避けたいところ。とは言え、常連客ばかりが幅を利かせる店も居心地がよろしくない。

加えて僕は最近もっぱらワイン党だ。日本酒や焼酎も飲まなくはないが、つい飲み過ぎて、酒量が分からなくなるのが欠点。日本酒を何合飲んだか、焼酎のロックを何杯飲んだのか、たいてい分からずに酩酊《めいてい》してしまう。そこへいくとワインはボトルで飲むので、いくら何でも三本を超えることはなく、ちゃんと記憶に残っているから安心して飲める。

地方の居酒屋は日本酒、あるいは焼酎至上主義ともいえるほど、酒のラインナップは偏《かたよ》りを見せる。山梨や長野など地ワインの産地は別として、たいていは申し訳程度のワインしか置いてないし、頼むと露骨にバカにされる。

なぜだか分からないが、地方の居酒屋は地元の居酒屋らしさにこだわり過ぎるのではないだろうか。いい居酒屋ほど、メニューに偏りがあり過ぎて、僕などはちょっと疲れてしまう。適度に肩の力を抜き、しかし地元ならではの酒や料理があればうれしいのだが。日本中どこに行っても必ず駅前にあるチェーン居酒屋か、そうでなければ妙に小難しい居酒屋か。極端に走るきらいがある。『吉田類の酒場放浪記』に出てくるような、いい按配の居酒屋を、僕は地方でなかなか見つけられずにいる。

タイトルに、ついつい居酒屋と書いてしまい、はたしてそれでよかったかと、幾分反省している。店の側が自ら居酒屋と名乗ってくれている場合はいいのだが、割烹店や和食の料理屋を居酒屋と言ってはいけないような気もする。世間的には、なんとなく居酒屋という呼称は軽く見られるからだ。

しかし、世間はどう言おうが、僕にとって居酒屋という呼び名は何ら恥ずべきものではなく、そう呼ばれたらむしろ誇らしく思っていただいていい。料亭、割烹、レストラン。数ある飲食店の中で僕が一番好きなのは居酒屋なのだ。

僕の中での居酒屋の定義は、食も酒も両方美味しい店。次項のタイトルに挙げたように〈酒食満点〉の店を、僕はベスト居酒屋としている。

居酒屋。そもそも、この「居」は何だろう。

居る。酒屋に。だろうか。ずっと酒屋に居る、のか。居続けることを意味するのか。よくよく考えれば不思議な言葉。

言葉の響きが軽いものだから、誰もが気軽に使う。脱サラして割烹、とはいかないが、脱サラして居酒屋ならアリだ。さらには激安のチェーン店の多くが居酒屋という呼称を使う。そんなこんなもあって、居酒屋という呼び名は決して重厚とはいえない。

しかし、「居」は居心地の「居」に通じる。たとえ世間的には割烹と見られている店であっても、居心地よく酒を飲める店を居酒屋と呼んでもいいのではないだろうか。

この章でご紹介して、「うちは居酒屋じゃありません。割烹です」と言われるかもしれないが、それも困る。

悪気はないので、そこんところよろしく、としか言えない。

で、なぜ冒頭からこんな言い訳じみたことを書いているかといえば、この章を書こうとして、真っ先にある店が頭に浮かんだからだ。

2．日本一の居酒屋は近江草津にあり──『滋味康月』

酒食満点、行きつけの店

ＪＲ琵琶湖線草津駅から歩いて三分。ビルの地下にある『滋味康月《じみこうげつ》』【地図Ｏ㊺】。僕としてはぜひこの店を第一等のローカル居酒屋として広くおすすめしたい。だがしかし、この店を居酒屋と言い切っていいものか。

料理の内容を見れば、誰がどう言おうとも、立派な日本料理店だ。何よりランチタイムにマダムたちが集う店であることが、それを如実に表している。普通に考えれば、居酒屋のランチはホッケ定食六百八十円。が、この店のランチは、デザートやエスプレッソまでつくとは言え、千五百八十円以上もする。居酒屋ではあり得ない値段だ。

と、こうして、この店が居酒屋ではないことが、いみじくも立証されたのだが、それを押して、あえてローカル居酒屋として紹介したい。でなければ、後が続かないのだ。ぜひ先陣を切ってもらいたい。この店が居酒屋の範疇《はんちゅう》に入るのなら、しょうがないか、と他の店が後に続いてくれそうな気がする。

先に記したように、旨いものが食べられて、美味しい酒が飲める店を、僕は勝手に居酒屋というジャンルに入れているのだが、そう呼ぶことを憚《はばか》られる店は決して少なくない。それもこれも、居酒屋という言葉の響きが軽過ぎるからである。なんとかこれに代わる言葉を見つけたいと思っている。

でも、割烹だと料理に、酒亭だと酒に偏りすぎる気がしてしまう。

酒と料理のバランスが取れた店に〈酒食満点〉という冠詞をつけることにし、これによって、ただの居酒屋ではないという、免罪符にさせていただきたい。

さてそこで、僕にとって日本一の居酒屋。近江草津にある『滋味康月』がその店である。

が、おそらくここを居酒屋と呼ぶのは僕くらいのものだ。

関西のとあるグルメ雑誌は「お値打ち和食」という特集でこの店を紹介していて、そこに居並んでいた店はどれもが、いわゆる気鋭の和食店であり、一軒たりとも居酒屋と呼ぶべき店はなかった。

話は横道にそれるが、こういう雑誌でこの手の特集を組むとき、どうやって店を選ぶのだろうかと思いを馳せてみた。

編集者行きつけの店、でないことだけはたしかだ。何しろこの『滋味康月』に通い詰めているのは僕くらいのもので、京阪神をテリトリーとする件の雑誌、責任者と思《おぼ》しき人物はオープニングに訪れた切りで、まったく眼中にないようであるし、この雑誌と近しいグルメブロガーたちの話題にすらなっていない。

そんな中で僕などから見れば、いかにも唐突な記事だが、この手の雑誌によくあることと言えば、そうなのである。

特集全体を眺めても、ライターたちが寄せ集めてきた情報から選んでいるのがよく分かる。そしてその情報源はといえば、他の雑誌やテレビ番組、グルメ本などだろうことも見えてくる。このグルメ雑誌に掲載された店を、今度はまたどこかの雑誌やテレビ番組がパクっていくのだろうナと思うと、どうにもやるせない。店情報の使いまわし。

そんな無礼に比べれば、居酒屋という呼称など気にしなくてもいいようなものなのだが。

正しくは割烹と呼ぶべきなのだろう。近江草津の駅近くにある『滋味康月』。おそらく今僕が最も頻繁に訪れている店である。

居酒屋か？　酒亭か？

食の雑誌で、〈今本当に行きたい店〉というテーマを与えられ、一も二もなくこの『滋味康月』を書いた。このときのタイトルに〈『草喰《そうじき》なかひがし』を居酒屋にしたような〉と書き、同様に『おひとり京都の秋』（光文社新書）でも、もしも『草喰なかひがし』が居酒屋だったら、という書き方をして、その後店を訪ねても、石もて追われることもないので、ご容赦いただいているのだろうと思っている。

だがお店は許しても客側が許さない。こういう事例もまた近頃の困った現象だ。

例によってとあるサイトの口コミである。

僕がこの『滋味康月』を贔屓にしていることを知った編集者が、こんな書き込みがありますよと教えてくれた。

〈湖東の草津にある珠玉の酒亭、割烹です〉から始まり、微に入り細をうがって、食事の内容を記し絶賛調の言葉が続く。誤字が目立つのも愛嬌だが、最後に〈某誌にこの店を「なかひがしを居酒屋にしたような」という大変失礼な言い方がしてありますが〉とある。このレビュアーZさんは、どうやら僕の書き方に憤慨なさっているようなのだ。

一般的にはこういう捉《とら》え方をするだろうなと思ったのと同時に、この手の口コミの危うさをも感じた。

このZさんが書かれた〈酒亭〉という言葉。僕も先ほど使ったが、実は国語辞書には出ていない。一般に使われる言葉ではないのだ。だが、Ｚさんは居酒屋より上の存在として〈酒亭〉という言葉を使われたのだろう。たしかに店の名に〈酒亭〉を冠した店は少なくなく、おおむねそれらは高級な雰囲気を漂わせている。

では改めて〈居酒屋〉を辞書で引いてみよう。『大辞泉』によれば〈安い酒を飲ませる店。大衆酒場〉とある。となれば、この『滋味康月』は当てはまらないことになる。大衆酒場とはとても呼べない。でも、僕には居酒屋だ。

なら、高級という字を冠して高級居酒屋と呼べばいいかと言えば、そうでもない。僕は高級という言葉にあまりいい印象を持っていないからだ。高級イコール上質とは限らない。ただ居酒屋と名乗っていても、志の高い店は上質だし、酒亭と名づけていても、志が低ければいい店とは言えない。名ばかりの酒亭で、実は居酒屋以下という店だって少なくない。

高級でも並でも、ジャンル分けなどどうでもいい。真の美味しいもの好き、旨い酒の好きな客が来てくれればそれでいい。『滋味康月』を筆頭に店側はそう思ってくれているはずだ。

ワイン、料理、最高のパフォーマンス

テーブル席や座敷もあるが、ここはやはりカウンター席がいい。広めの厨房を囲むように

設《しつら》えられたカウンターにはゆったりとした椅子が並び、僕はいつも入口からふたつ目の席に座る。ここからは料理人の様子が手に取るように分かり、ライブ感あふれる食事を愉しめるからだ。

京都で最も予約の困難な店として知られる『草喰なかひがし』。洛北銀閣寺の参道に暖簾を上げるこの店で、料理長は修業を積んだこともあって、店の佇まいや料理内容はそれを彷彿させる。

コース料理もあるが、カウンターに座ればアラカルトであれこれ食べたい。そんな客の要望にもしっかりと応えてくれる。

居酒屋でいうところのお通し。ここで出されるのは『草喰なかひがし』直伝の八寸風の盛り合わせ。季節のあれこれが品よく盛られ、これだけで充分酒が飲める。そしてその酒もまたバリエーションが豊富なのだ。

近江の地酒をはじめ各地の日本酒、焼酎もあるが、大きなワインセラーが鎮座し、着物姿のソムリエールが選んでくれるとあらば、ワインを、となるのが自然な流れ。僕の好きなスパークリングワインもちゃんと揃っているのがうれしい。

八寸風のお通しを愉しみながら、何度もメニューを見る。定番となっているメニューブックの他に、和紙に書かれた本日のおすすめも合わせて見なければならない。あれも食べたい、これも味わってみたいと、迷うのもまたこの店の醍醐味。

座敷とテーブル席、カウンターが満席ともなれば、二十人近くの料理を作らねばならない。店名の由来ともなっているふたりの料理人の、見事なコンビネーションプレーと素早い手仕事で、ほとんど客にストレスを与えない。

『滋味康月』カウンター席より

座敷客の料理が一段落したのを横目で見て、次の料理をオーダー。お造りの盛り合わせ、近江牛の天ぷらを注文しておく。

八寸を食べ終える頃には、これまた『草喰なかひがし』でもお馴染みの白味噌椀が出る。冬は無論熱々で出てくるが、夏場はビシソワーズ風に冷やして出されるのがありがたい。焼き茄子だったり、生麩であったりと具のバリエーションも豊か。白味噌の味わいはほっこりと心を和ませる。

飲み終えた頃合いを見計らってお造りが出てくる。と、この店のこまやかな心遣いが見てとれる。

たとえばふたりでカウンターに座り、アラカルトで注文すると、たいていの店はひと皿に盛って、取り皿と一緒に出してくる。好きに取り分けよ、ということだ。それはそれで悪くはないのだが、時として面倒だったり、互いに遠慮が生じたりする。

よほど分けにくいものは例外だろうが、この店ではちゃんと別々の器に盛ってくれる。たとえ夫婦であっても気を遣わなくてもいいようにとの配慮。こういうことが居心地のよさにつながり、通い詰める結果を生むのである。

造り、揚げ物と続いて、その後は焼き物。オープンキッチンの中には備長炭の入った焼き場があり、時折りそこから煙が上がっている。夏なら鮎や鱧《はも》、秋には松茸や鰻、近江牛などが網の上に載り、香ばしく焼き上げられていく。

この辺りでソムリエールと（値段とも）相談しながら赤に切り替える。料理がメインとも言い切れず、ましてや酒が主役だとも言えない店。割烹居酒屋とでも呼ぶことにしようか。

琵琶湖の大鰻がこの店の名物のひとつ。皮目をぱりっと炙《あぶ》り、身はふっくらとジューシーに焼き上がるのは備長炭のせいか、熟達職人のなせる業《わざ》か。きっとその両方なのだろう。

歳を重ね、いくらか食が細くなった近頃は、飲んだ後の〆を省くことが増えてきた。が、この店だけは別だ。〆に必ずといっていいほどごはんものを頼む。厨房の真ん中には銀閣寺にも似たお竈《くど》さんがあり、一志郎窯の土鍋がかかっている。格別旨い炊き立てごはんが味わえるのは疑う余地など微塵《みじん》もない。

焼き物を少し残しておいて白ごはんと合わせるのもいいが、牛スジの煮込みを頼んで、小さな牛スジ丼を作ってもらうのも愉しい。あるいはすっぽんの小鍋を食べた後に雑炊を仕込んでもらう。時には玉子かけごはんにする。小天丼。鰻丼。食材さえあれば、たいていのリクエストに応えてくれる。

『ｄａｎｃｙｕ』誌では居酒屋のような店として紹介したが、『サライ』という熟年向けの雑誌では、美味しいごはんの食べられる店として『滋味康月』をおすすめした。ここは食堂ではない！　と、きっとまたＺさんからお叱りを受けることだろう。

それでも僕はかまわず言い続ける。『滋味康月』は日本一の居酒屋だ、と。

☆泊まるならここ

『ホテル　ボストンプラザ　草津』【地図Ｏ】

僕にとってはすでに第二の我が家になりつつある。ミステリー原稿を書くためと、近江を極めんがために、ＪＲ草津駅前のこのホテルに、はて何泊しただろうか。百は軽く超えたことだけは間違いない。

ＪＲ琵琶湖線で京都から約二十分というアクセスのよさから、京都旅にもおすすめしている。『滋味康月』とは駅を挟んで反対側。歩いて五分とかからない。どんなに深酒してもちゃんとホテルに辿り着ける。二〇一一年秋には新館もオープンし、ますます活気が出てきた。

3．名古屋めしをアテに飲む居酒屋――『たら福』

満腹グルメ、名古屋めし

名古屋。食伝説の多い街である。食だけにとどまらず、独自の文化を編み出し、特異な発展を遂げてきたのが名古屋という街。

そもそもなぜ名古屋は〈めし〉なのか。日本各地にローカルグルメは存在するが、地名に〈めし〉をつけているのは名古屋だけだろうと思う。京都〈めし〉とは絶対に言わないし、東京〈めし〉もないだろう。博多〈めし〉辺りだとやや微妙。地元民はそう呼んでいるかもしれないが、全国区としてその名が通用しているのは名古屋だけ。なぜ名古屋は〈めし〉なのか。幾度となく名古屋めしを食べるうち、ふと気づいたことがあって、それは名古屋名物のほぼすべてが〈めし〉に属するものだろうということだ。

誰もが無意識のうちに〈めし〉という言葉は、軽い食事という風に思い込んでいて、実際にもそう使っている。典型的なのはサラリーマンのランチタイム。

「さ、メシ行くか」

あるいは仕事終わりに、

「どう？　メシでも一緒に」

となることがあって、しかしこの場合、グランメゾンクラスのフレンチや、銀座の鮨屋を指すことなどまずない。よほど親しい仲なら別だろうが、彼女をデートに誘うなら、「今度一緒にお食事でもいかがですか」と誘うわけで、初デートに〈めし〉とは言わないだろう。

言うまでもなく〈めし〉は〈飯〉を指し、すなわち米飯を主体とした「空腹を満たすための食事」を言う。そう。名古屋めしの多くは「空腹を満たすための」ものなのである。

味噌カツ、鰻のひつまぶし、エビフリャア、どて煮、手羽先。名古屋めしの代表はどれもが濃い、だけでなくカロリーも高い。まさに〈めし〉と呼ぶのにふさわしいではないか。

大阪もそうなのだが、名古屋の名物を集めると、茶色一色に染まってしまう。それも、大阪よりかなり赤茶っぽい色。多くは八丁味噌のせいなのだが、どうもそれだけが要因ではないようだ。

〈一筋縄ではいかない〉。名古屋食をひもとくキーワードはこれだ。普通のやり方では通用しない、そんな意味を持つ言葉。名古屋人は〈普通〉を拒む。

分かりやすいのは〈ひつまぶし〉。

普通に考えれば〈鰻丼〉でいい。あるいは〈鰻の混ぜごはん〉か〈鰻茶漬け〉。誰が考えても、どれかひとつのはずなのに、それを合体し、すべてを味わおうというのだから尋常ではない。よく考えたものだと感心するばかり。

あるいは味噌カツ。これも普通ならトンカツにソースをかけるのに、名古屋名物の八丁味噌を絡めてしまうところが普通じゃないわけで、何かひと工夫しないと収まらないのが名古屋めし最大の特徴。手羽先にはこってりと味をつけるし、エビフリャアはとにもかくにも巨大化させる。

重層化することで満足感をより高める手法は、モーニングという喫茶店でのサービスも同じ。おまけのおまけをつけることで客に満足感を与える。

クオリティなどという食通にしか分からないことは横に置き、誰でもが分かる量や数、重ね味で勝負をかける。そんな分かりやすさも名古屋めしの特徴。
〈めし〉ではないが、名古屋らしいローカルグルメに〈シャチボン〉がある。しゃちほこをデザインしたシュークリーム。意外に可愛い。名古屋らしくないとも言える。こうして意表を突くところが名古屋らしいのかもしれない。この〈シャチボン〉、残念ながらシャチボン自身によって休養宣言が出され、現在、販売が一時休止されている。再びあいまみえんことを。

愛嬌たっぷり、〈シャチボン〉

さて、名古屋めし。ひと通りは食べてみた。どれもが決してまずくはない。だが、やはりくどい。くどい味は空腹を満たすにはいいが、酒の相手としては、ふさわしいとは言えない。ランチならまったく問題ないが、名古屋の夜に一杯飲みながら、には向かないように思う。

駅前の名居酒屋へ

翌日に会合を控え、名古屋に前日入りしたのは、名古屋めしで飲める店を見つけたからだ。

名古屋めしのいくつかをさらりと食べながら、安ワインでも飲めるような店はないものかと探していて、灯台下暗し。駅からすぐ近くに格好の店を見つけておいた。京都で仕事を終え、駅に着いてまずはホテルにチェックイン。素早くシャワーを浴びて準備万端。再び駅に向かう。

名古屋駅を人は〈名駅《めいえき》〉と呼ぶ。

この〈名駅〉という呼び方からしてすでに名古屋だ。京都駅は当然ながら、あの省略好きな大阪人ですら、大阪駅を〈大駅〉とは呼ばない。そこまでして縮める意味はどこにあるのか、とつぶやきながら歩くこと五分ばかり。ビルの谷間に突如として現れる昭和のレトロ民家群。数軒並ぶそれらはすべてが、今っぽい居酒屋風のレストラン。一番端っこにある角店が『たら福《ふく》』【地図M㊵】。

角店なので入口が二ヵ所に分かれる。ひとり客のカウンター席は奥のほう。ガラス戸を開け、店に入ってすぐにカウンター席が長く伸びる。

名古屋めしをつまみながらワインを飲みたい。その要求はこの店に来れば叶う。だけでなく、和洋織り交ぜて豊富なアテと均一価格のワインが揃う。

ひとりくらいなら何とかなるだろうと思って、飛び込みで訪ねようとも思ったが、万が一ということもある。一応予約しておこうと電話をかけておいて大正解。ひとつの空席もなく、入口近くのウエイティングがちらほらと。

飲み物は当然ながらスパークリングワイン。ここ数年、僕はいつもこれだ。フランスはシャンパーニュ地方で醸されるシャンパーニュの雰囲気はそのままに、アルコール度数で比べればビールと変わらないコストパフォーマンスを誇るスパークリングワイン。夏はもちろん年中これを欠かすことはない。

飲み過ぎないようにと注意していて、これを守れたためしがない。

飲み始めはいい。意識も比較的はっきりしていて、分量もほぼ把握している。だが問題はその後だ。飲み進むうち、旨ければ旨いほど、愉しければ愉しいほど、ついつい酒量を過ごしてしまう。それもこれもいくら飲んだか分からなくなるからだ。

かつて僕は日本酒をこよなく愛好していた。なにしろ日本酒専門のショットバーを開いたくらいだから、日本各地の酒に精通し、数百にも及ぶ銘柄をいともたやすく諳《そら》んじていたほどだ。

日本酒の単位は合である。あるいは冷酒ならグラス何杯と数える。冷酒のグラスには一合入ることは滅多にない。おおむね二杯で一合ほど。当然のことながら数字は五を超え、やがて十の単位に突入する。グラスで十杯、十二杯……。

飲んでいなくても覚え切れないものを、酔っ払っていて覚えられるわけがない。いつしか前後不覚になるという仕組み。

これはいけない。身体に悪い上に、世間に迷惑をかける。何かいい方法はと考えて思い当たったのがワイン。

ワインは通常ボトルでオーダーする。グラスで飲める店もあるが、たいていはボトルの値段が明記してある。ボトルはおおむね七百五十ml。日本酒に換算するとほぼ四合ということになる。

ひとり酒。普通なら一本で充分。たまに、いや、しばしば二本。まず三本を超えることはない。これならどんなに酔っていても覚えられる。指折り数えて三つまで。

かくしてワイン党となり、最初の〈とりあえずビール〉を省くためもあって、スパークリングワイン派になったのである。

『たら福』のワインリスト。泡から赤までボトルはすべて三千円均一というのがうれしい。

居酒屋の定番、焼き枝豆をぷちぷちやりながら、注文した名古屋めしを待つ。

ワインによく合う名古屋めし

まず登場したのは〈味噌ロースカツ〉。

通常の名古屋めしなら、黒に近い茶褐色の眺め。だがこの店は違う。ちゃんとカツのコロモが透けて見えている。加えてさらりとかかったソースは薄茶色。

一枚のロースが数切れに切り分けられ、ねぎの薄切りとごまがぱらりと振りかけられている。これまで食べてきた名古屋めしとは佇まいが違う。ではさっそく食べてみよう。

やはり人間、努力を惜しんではいけない。あきらめてもいけない。粘り強く探してみるものだ。そう実感する旨さだった。

これまで食べてきた味噌カツは、どうしてもカツを食べているというより、味噌を食べている感じだった。濃厚な八丁味噌が強過ぎたのだが、この店のそれは、あっさりとした味噌がカツに絡んでいて、爽やかな後口。食べ飽きることがないのと、スパークリングワインにぴたりと合うの

『たら福』の〈味噌ロースカツ〉

『たら福』の〈手羽先の唐揚げ〉

が何より。味が濃過ぎないから、白ごはんが欲しくならない。ここがまさにミソである。

揚げ物好きの僕がもう一品頼んでおいたのは〈手羽先の唐揚げ〉。

これもまたビジュアルからして新鮮だった。色が淡いのである。白いごまがはっきりと見てとれる。ごまがタレに染まっていない。

元祖と言われる『風来坊』も、一番人気の『世界の山ちゃん』も、ねっとりと濃厚な味がウリだ。揚げてあるはずなのに、煮つけのような味わいの手羽先は、二本、三本と食べ進むうち、次に手が伸びなくなる。一本目の旨さが急速に萎《な》えてしまうのが惜しいなと、常々思い続けてきた身には、至福の味わいだった。

ふた品ではあるが、名古屋めしをアテにワインを飲む。ようやくその目的を果たすことができた。どて煮にも似た、すじ煮込みがメニューにあったが、そこまでには至らなかった。

極力夜は炭水化物を控えるようにしているのに、きっとすじ煮込みを食べると白飯が欲しくなるに違いない。という思いもあるが、実はこの夜、打ち合わせが控えていたので、同じ並びにある『イタリア食堂ＧｉＧｉ』へと移動したのだった。

　雨が降っていたせいもあって、すぐ近くにハシゴできるのは何よりありがたい。昔ながらの長屋造りが名古屋らしいと言えばそうも思える。

　イタリアンである。否が応でもスパゲッティやピザが目に入る。せっかく避けようとしていたのに、ついついスパゲッティを頼んでしまった。

　名古屋の店。総じて喫煙者にやさしい。たいていの店が喫煙可で、二軒ともがそうだった。ホテルに帰ってみると服に煙草の匂いが染みついていた。

　時代の流れには逆行しているようだが、これはこれでいいのではないかとも思う。最近の禁煙ファッショとも呼ぶべき動きは、明らかに行き過ぎている。すべての店から煙草を締め出した結果、店の前や周囲は煙草巣窟のごとくになっている。僕にはむしろ、こちらのほうが迷惑だ。

　店や施設から締め出されたスモーカーたちが、オープンスペースで紫煙をくゆらせる。その中を通っていかないと、目的地にたどり着けないというのは、最近よくあること。コンビニもしかり。コンビニの前はいつからか、喫煙コーナーになってしまっている。

店の中でしっかり分煙すればいい。自分の店の中にさえ煙が充満しなければそれでよしとする今どきの風潮。いい傾向ではない。

燻製《くんせい》にされた身体をベッドに横たえて、翌日の名古屋めしに備えた。

☆泊まるならここ

『ダイワロイネットホテル　名古屋新幹線口』【地図M】

ビジネスホテルチェーンの中で、僕が最もよく利用するのがこのダイワロイネット系列。広めの部屋とネット環境のよさ、ポイントを溜める愉しみと相俟って、どこの土地に行っても、この系列のホテルをまずは探す。名古屋駅の桜通口近くにも同じ系列のホテルがあり、そちらもおすすめだが、こちらのほうが新しい。

4．火の国熊本の赤い居酒屋——『好信楽瑠璃庵』

熊本で馬肉を食べるなら

二〇一一年の春、新幹線が九州の果てまでつながった。果てなんて言っては失礼なのだろうが、南国鹿児島は、やはり南の果てというイメージがある。そこまで新幹線がつながる。大いに祝賀ムードが広がる、はずだった。が、開通直前に起こったのが東日本大震災。祝っている場合ではない。自粛ムード漂う中での船出となった。

僕が訪れたのはこれより前、大袈裟に言えば、九州中が沸き返っていたころである。

これまで九州の玄関口、博多で止まっていた流れが鹿児島まで動き出す。その中ほどに控えるのが熊本だ。名物の多くある土地である。鹿児島より先に、さっと多くが訪れるに違いない。その前に行っておきたい。まずは誰に頼まれることもなく行ってみた。ふらり熊本へ。ゴロもいい。目的を持たずに、とは言っても、美味を求めてというお目当てはあるのだが、〈ねばならない〉を持たずに旅をするのは久方ぶりのこと。

土地との相性というものが必ずある。何度行っても馴染めない場所と、初めて訪れたのに、なぜか心が安らぎ、住んでもいいなとさえ思うようになる地。熊本は後者だった。

新幹線が開通する前だったから博多で在来線に乗り換えた。今はなき『リレーつばめ』。素敵な列車だった。ＪＲ九州らしいシャープなデザイン、きめ細かなサービス。どれをとっても日本を代表する列車だったと思う。今となってはただただ懐かしい限り。時代の流れとはいえ、惜しいことだ。

新幹線が開通して後、博多から熊本までの所要時間が幾分短くなった。だからどうだ、というのだろう。無類の新幹線好きの僕ですらそう思う。乱暴な言い方をすれば、新幹線は東京－博多間だけでいいように思う。時間短縮が必要なのはこの区間だけではないのだろうか。後は在来線と乗り継げばいい。さすれば、時間短縮と引き換えに失った、旅の情緒も味わうことができる。

たとえば京都から長野へ行こうとして、時間帯によっては、東海道新幹線から長野新幹線へ、東京を経由したほうが早く着くときがある。地図で見ても明らかなように、相当大回りしても、である。

だが僕は、名古屋で中央本線に乗り換えて『ワイドビューしなの』で長野まで行くほうを必ず選ぶ。情緒云々を抜きにしても、壮大な無駄をしてまで早く着きたいと思わないからだ。

何十年後だかにはリニア新幹線なるものが開通するそうだ。京都にはその駅ができないと聞いてホッとした。今の新幹線で充分だと思っている。京都から東京までは二時間十五分ほど。調べ物をしたり、駅弁を食べたり、うとうとすれば、あっという間だ。遅いなどと思ったこともない。たかだか何十分を惜しむような旅に、京都は似合わない。

『リレーつばめ』に乗り、名残を惜しみながら熊本駅に降り立った。

熊本の味。熊本に着く前に、何があるかと考えて、すぐに思い当たったのは馬肉だ。熊本だからといって、熊肉にはならないのは当然。信州、会津と並んで馬肉文化の根づいている地で、どんな馬肉料理が食べられるか。旅のテーマをこの一点に絞り込んだ。結果としてこれが大正解だった。

地方の旨いものを探そうとして、ひとつの食材に焦点を当て、ここを突破口にして数珠つなぎ的に旨いものを順に辿っていく。この手法を強くお勧めする。

あれもこれも、と欲張ると、結果として散漫な印象しか残らないことが多い。

これ以上はないと思えるほどの馬肉料理の店に出会い、かつそれ以外の美味も味わうことができたのは、一点突破を試みたからである。

念ずれば通ず。日々の暮らしでそんな甘い妄想は抱いていない。種々の条件が揃わなければ、人の思いなど誰に通じるものでもない。

唯一例外が〈食〉である。何がどうあっても、旨いものが食いたいという願いだけは、等しく平等に、神さまはその願いを聞き届けてくださる（はずだと思う）。

熊本で馬肉を食い、かつ旨いワインを堪能するならこの店以外にない。そう確信できる店に出会った。

店の名を『好信楽瑠璃庵《こうしんらくるりあん》』【地図Z⑫】という。あまりに気に入って、ふた晩続けて通ったほど。飽きっぽい僕には稀有なことだ。

熊本名物をワインで

どうやってこの店を探り当てたかと言えば、それは口コミである。九州には懇意《こんい》にしている宿が何軒もあって、それらどの宿にも旨いもの好きの主人がいる。熊本で旨い馬肉を食いたいのだが、と訊ねて、返ってきた答えを集約するとこの店に辿り着いたというわけだ。

だが、それですぐに決めるかといえば、そうはならない。必ず店の前まで行き、佇まいをたしかめてから、おもむろに予約の電話を入れる。ここでもまだ、決定ではない。電話の応対によっては外すこともある。ここで好感を持ってはじめて店に足を踏み入れる決意をするのだ。面倒に思われるだろうが、本当に旨いものを食べようとすれば、これくらいの努力を惜しんではならない。ハズレの店に当たってしまい、後悔するよりは、はるかにましだ。

今回もまた、いつもの手順にしたがって、下見の後に予約の電話を入れ、陽が落ちてから、おもむろにホテルを出た。

熊本城から東に歩くと、熊本を代表するデパート『鶴屋』があり、その前を市電が走っている。泊まったホテルはこの通り沿いにある『ホテル日航熊本』。通りの北側、ホテルのすぐ西横からアーケード街に入り、北に歩く。洒落たディスプレイの店が途切れた辺りの、細道の二階に目指す店がある。

この辺り、古民家が軒を連ねていたのだろう。豪壮な建築の骨組みだけを残して、今風にリノベーションしている店が点在している。この『好信楽瑠璃庵』もその一軒。蔵造りの普《ふ》請《しん》が往時をしのばせる。

『好信楽瑠璃庵』店内

初めてこの店に来て驚いたのは、そのセンスのよさ。インテリアもだが、メニュー構成の感覚がシャープなのだ。熊本の食材を使いながらも、郷土料理店にありがちな野暮《やぼ》ったさを排し、しかし遠来の客も喜ぶような品書きが並ぶ。何より感心したのは酒のラインナップ。焼酎、日本酒にとどまらず、ワインも国産の、しかも秀でたワイナリーの選りすぐりを揃えているのだ。東京なら分かるが、失礼ながら一地方都市の店で、ここまで徹底して国産に拘《こだわ》っているとは、思いもかけなかった。時代の一歩先を行く店ながら、尖《とが》ってないのがいい。

薄暗い店に入って右側がカウンター席、左側がテーブル席になっている。予約の名前を告げると、一番奥のカウンター席に案内された。

真空管のアンプとターンテーブル。無造作に積まれた書籍は洋書と古書。真っ赤なアンスリウム。ステンドガラス越しに前の通りが見える。

「どちらからいらしたんですか？」

まだ若いが、主人らしき風格を漂わせた男性が僕に訊いた。

予約の電話で事細かに訊ねたことで、いくらか警戒しながら応対しているようだ。

「京都からです」

僕はこの店に辿り着くまでのあらましを話した。

と、ようやく肩がほぐれたのか、名刺を差し出して、主人があれこれ語り始めた。

東京で生まれ育ち、飲食の仕事をしていて、実家のある熊本で最近この店を始めたこと。熊本は食材に恵まれていること。国産ワインにこだわる理由、日本酒への愛情など。朴訥《ぼくとつ》とした語り口に好感を持った。

つまるところ、店は人である。どんなに素晴らしい料理を出そうと、いくら旨い酒を揃えていようと、主人との呼吸が合わなければ、二度と訪ねることはない。

スパークリングワインだけでも数種類ある。スターターは『小布施《おぶせ》ワイナリー』の泡。料理の口切りは〈イチゴの白和え〉。甘酸っぱい赤さが、舌を滑り、胃を刺激する。この時点ですでに僕はもう、この店の有り様に添うことを決めていた。よほどのことがない限り、次の日の夜もこの店に来るだろうことも確信した。となれば、気持ちはうんと楽になる。あれもこれも、と欲張らなくてもいいからだ。一度きりと思うと、飲み物も食べ物も大いに迷うことになる。若い頃ほどに飲み食いできない。的を絞りこまねばならないのだが、欲だけは老化しないのは困ったことである。

馬肉の盛り合わせ

当然ながら次は馬刺し。ヒレ、フタエゴ、タン。部位の異なる馬肉の盛り合わせ。おろしニンニク、おろし生姜。好みで使い分ける。旨みが濃い。牛肉よりはるかにあっさりした後口。

料理が進むに連れて、お目当ての赤に切り替える。当然のように熊本産。『熊本ワイン』の〈ｋｉｓｓｋｉｋｋａ

カベルネ〉。これがまたなんとも味わい深いワインなのである。国産のワインもここまでレヴェルが上がったのかと、余韻を愉しみながら、次なる料理は煮込み。馬のスジ肉の入ったおでん。馬は煮込んでも固くならずに旨い。そのエキスを吸った大根やこんにゃくも旨い。多めにもらった辛子が鼻につーんと来た。この瞬間、好きだ。涙目になりながら、口の中でとろけていく大根を味わう瞬間は、ささやかな幸せ。

アワビだとか大トロだとかの希少な食材とはまた違う充足感。いつでも、どこでも食べられそうで、しかし今この瞬間が一番旨いと思える幸せ。

熊本名物辛子レンコンが続く。揚げ立ての熱々。これもまた鼻に来る。シャリッとした歯応えの後、キーンと脳天まで突き抜けそうな辛みと刺激。それを中和するカベルネ。いい按配だ。

この辺りでお腹は充分大きくなった。というより、少し空けておきたかった。

熊本に来ればやはり、熊本ラーメンを食べずして帰るわけにはいかない。その分を考えれば、ここいらが潮時だろう。

今ここで明日の予約をしてもいいのだが、少しだけ迷っていることがあって、それは鮨である。僕は地方都市を訪れて、必ず一夜は鮨屋で過ごすことにしている。事前に万端の調べを済ませ、現地に入ってからも入念なリサーチを怠らず、これ！　という鮨屋を一軒探し当てておく。

熊本でもすでにお目当ての店は決まっていた。その店は昼も開けているからランチでもいいのだが。

好きだからしたかった、わがままなリクエスト

迷いながらメニューを見ていて気になるものを見つけた。それが〈トマトの握り寿司〉。どんな味なのだろうという疑問と同時に、あるアイデアがひらめいた。

この店には近海もののお造りがある。五島の〆サバもある。馬刺しもある。そして〈トマトの握り寿司〉があるのだから、当然酢飯の用意があるはずだ。握り鮨の盛り合わせもできなくはないのではないか。いささか強引に過ぎるリクエストを伝えていいものかどうか、願いを叶えてくれるのか、思いを巡らせていた。

熊本でおすすめの鮨屋があるかどうか、まずは訊ねてみた。僕が候補に挙げていたのと同じ名を口にした。が、それとて強くすすめるものではないという口調だった。東京の事情に通じているから話が早い。どっちみち熊本で僕の想うような鮨には出会えない。ならば僕の

意を汲《く》んで、ひとつ握ってみようか、となった。なった、は違うか。無理やり言わせた、が正しい。

指きりゲンマンをして、店を後にした。

熊本ラーメンは『味千』派と『桂花』派に分かれる。僕は後者だ。都合のいいことに店を出てすぐに『桂花』がある。軽く一杯食べて翌日に備えた。

誤解のないように言っておくが、僕は初めての店でこんな、わがままなリクエストをすることは断じてない。通い詰めている行きつけの店ならなくはないが、こんなことは初めてだ。よくそんな好き勝手を言えたものだと、ホテルに戻って冷や汗が出た。

かかる素敵な店と初めて出会ったとき、僕の想いは三つの階段をトントントンと上っていく。一段目は、こんな店が近所にあればいいな、だ。二段目は、次はいつ来ようか。そして三段目は、この店の存在をどう収めるか、である。

収め方はふたつ。ひとつは誰に知らせることなく、そっと僕の胸の裡《うち》に秘めておく。もうひとつは広く知らしめる、だ。

それをどう区別しているかと言えば、概ね主人が老境の域に達していて、心理的にも物理的にもこれ以上キャパを広げる余地がない場合が前者。それとは逆に歳も若く、意欲に満ちていて、いくらでも伸びる余地がありそうな店は後者と決めている。言うまでもなく『好信楽瑠璃庵』は広く知らしめたい店だった。

前者に属する店。何軒あっただろうか。いや、今もある。時には、

「こんな素晴らしい店がある」

と大声で叫びたくなることもある。雑誌はまずいとしても新書なら書いてしまえばいい、と悪魔の囁《ささや》きが聴こえてくることもあるが、そこはじっと我慢。

定番、長崎『ボルドー』トルコライス

もう店仕舞いしたからいいだろう。長崎に『とら寿し』という素晴らしい鮨屋があった。僕の行きつけの、トルコライスで有名な『ボルドー』の目と鼻の先にあり、長崎に行くと、決まってこの二軒をハシゴした。

主人は魚に対する目が利き、かつ江戸前の技もちゃんと身につけてはいるのだが、それをひけらかしはしない。万事控えめなのだ。小体《こてい》な店である。あるときカウンターに座って両横を見ると、名だたる食通の顔が並んでいた。だ

が誰も通ぶった言葉を交わすことなく、時の総理の話題をアテに、盃を傾けていた。

僕のような無名の書き手ではなく、錚々たる顔ぶれの方々は、誰もが食の、店のエッセイをものしていた。にも拘わらず誰もがこの『とら寿し』のことには雑誌などでも触れてもおられない。

これをして見識というのだろうなと今もって感じ入っている。もしもまだ店が健在であれば、僕もこの店の名前すら記さなかっただろう。

今どきのフードライターさんたちには、どうもこの区別ができないようだ。

店というのは、広く公的なものであると同時に、極めて私的なものでもある。それを分けることに決まりごとはないし、誰かが決めるものでもない。言ってみれば、それこそ阿吽《あうん》の呼吸である。その阿吽の呼吸でもってして、居並ぶ食通たちは『とら寿し』を書くことがなかったのだ。

新たな店ができる。フードライターさんはいち早く馳せ参じ、料理のすべてを写真におさめブログなる場で公開する。店側にとってそれは両刃《もろは》の剣となる。店の宣伝にもなれば、手の内を明かしてしまうことにもなる。

本のレビューにたとえればよく分かるだろう。僕の手がけるミステリーだと、あらすじはもちろん、犯行経過から、誰が犯人なのかまで、すべて詳《つまび》らかにされてしまう。それを知った上で本を買ってくださるだろうか。体のいい営業妨害である。

それはさておき。『好信楽瑠璃庵』をどう、広く知らしめるか。僕には腹案があった。食の雑誌での紹介である。

広く知らしめる意義は特に、こういう地方で埋もれている名店でこそ有用である。若い主人の意欲を掻き立て、さらなる向上を目指すことにひと役買えれば本望だ。

夕刻ホテルを出て、店を目指した。

ふた晩目の愉しみ、握りと馬焼肉

店へ続く道すがらの情緒もいい。入口から二階へ通じる階段の風情も悪くない。二度目ともなると、そこいらをたしかめる余裕も生まれる。

重い扉を開ける。迎えの声がかかる。主人の顔が見える。昨日より固い。いくらか緊張しているようだ。

彼はいきなり鮨の話をし始めた。どうしようか、気になって仕方がなかったのだろう。きっとひと晩大いに悩ませたのだろうなと、申し訳なさが先に立った。

昨日と同じ泡で始めることにして、とにかく鮨を出してくれることになった。

ひと皿に盛り合わせて出してきた。八貫の鮨が角皿に並んでいる。

まずは名物の〈トマトの握り寿司〉。ヅケマグロならぬヅケトマトは、決して奇をてらったものではなく、美味を求めての結果だと分かるのに時間はかからない。味噌に漬けたトマト。口に入れた瞬間に舌が喜んでいる。主人と目が合う。どちらからともなくにっこり笑う。

〆サバの握りに手を伸ばすと、主人の目が鋭さを増す。かまわず口に放り込む。いい〆加減だ。目をつぶれば鮨屋のカウンターが浮かぶ。馬刺しの握り。これもまた旨いに決まっている。脂ののったトロにも似て、口の中でとろけていく。最後は白身。きっと一番の心配がこれだろうナ。

江戸前鮨には程遠い。だが、熊本で寿司を食べるなら、これでよかったのかもしれない。八貫食べ終えてそう思った。

多くを語ることはなかったが、空になった角皿を差し出したとき、主人はホッとしたように、ワインボトルを僕に見せた。今夜のおすすめはこれだとばかりに。

さて、ふた晩目は何をどう食べるか。

昨日から気になっていたメニュー〈溶岩焼き〉。焼肉の馬バージョン。

綺麗なサシの入ったタン、赤身のヒレ、白いストライプのフタエゴ。まずは見た目が美しい。熱い石の上にジュー。

タンは塩だけで充分。赤身はちょいとタレをつけて、と、まさに焼肉屋状態。立ち上る煙が芳ばしい。あっさり旨い馬肉はいくらでも入る。後口が爽やかなのもうれしい。

生よし、焼いてよし、煮てもまたよし、と馬肉はどう食べても旨い上に、熊本産の赤ワインにぴたりと寄り添う。

特別に握ってもらった鮨八貫

馬肉の焼肉。牛肉と比べて、どこがどう違うのか。

ひとことで言えば、牛肉から脂肪分を半分以上も抜き去った感じ。しかし噛むほどに、肉本来の旨みが舌に染み入っていくのである。

牛には何の罪もないのに、ただ飼料に不安が残るという理由だけで牛肉が敬遠されている。理不尽なことだ。

それより以前に激安の焼肉屋が起こした不祥事をきっかけとして、牛の生肉がメニューから消えた。

血の滴《したた》るような牛肉はキラーコンテンツではなかった

のか。グルメ番組の主役だったはずだが。

いったい何を根拠に、と思う。高みに持ち上げておいて、一気にすとんと落とす。いつものやり口だ。などと言っても詮ない話。

江戸の仇《かたき》を長崎で討つなら、牛の仇は馬で討ってもいいではないか。馬は生肉問題が起こる前から、厳格な検査が行われており、それに合格したものだけが店で出されるから、安心して食べることができる。

何はどうあれ、熊本にこの店あり。酒好き、旨いもの好きは『好信楽瑠璃庵』をまずは訪ねて、それから熊本旅を始めるのが正しい。

☆泊まるならここ

『ホテル日航熊本』【地図Z】

ＪＡＬブランド健在のホテル。熊本市電が前を走り、道を隔てた向かい側には熊本きっての百貨店『鶴屋』がある。少し歩けば熊本城も近く、目の前の電車に乗れば水前寺公園にも行ける。

おすすめはクラス・コンフォートのシングルルーム。広めの部屋から阿蘇の山並みを見渡せるのがうれしい。

5. 高知のハチキン居酒屋ハシゴ酒

風雅な店名に魅かれて

酒飲み天国と言っても過言ではないだろう。町中すべてが居酒屋のような街。それが高知である。なにしろ、いごっそうと、はちきんの街なのだから。

飲酒を憚る空気などまるでない。大袈裟に言えば、街を歩いていて、必ず酒の飲める店が目に入る。ただ一軒に腰を据えて飲むのは似合わない街。片っぱしからハシゴ酒、というのが高知における正しい酒飲みの姿である。

何度も高知を訪ね、この街にいかに美味しいもの、旨い酒を飲ませる店がたくさんあるかを思い知らされている。

その内の一軒が『風待《かぜまち》食堂』【地図V56】。最初は風雅な店名に魅かれて入ったのだが、懐かしくも、意外な美味に出会い、必ず「行きつけの店」にしようと心に決めたのだった。高知に来るとまずこの店に立ち寄る。僕の高知の夜は『風待食堂』から始まるのだ。なんて、格好いいではないか。何かが始まりそうな予感。

これがもし『面白食堂』だったら、ちょっとばかり空気が違ってくる。何も始まりそうにない。店の名前がいかに大切かという好例だ。

『風待食堂』で出会った味はどれもが、程の好《よ》さを湛えていた。

僕にとってローカル居酒屋で極めて大事なのは、この程の好さである。なかなか程好くならないのだ。

最近地方でも増えてきたのがダイニング系。若い人に向けてのアピールなのか、アジアンテイストの創作料理がずらりとメニューに並ぶ。どこの地方かというより、いったいどこの国の店だか分からないような料理ばかりで困る。

かといって、ガチガチの郷土料理押しつけ系も疲れる。ここに来たらこれを食え！　ここではこの酒を飲め！　押しつけられることを、何よりの苦手としている僕には、いくらその店が名店と呼ばれていても、二度訪ねることはない。

『風待食堂』も一見したところダイニング系に見えなくもないが、中身はいたってまとも。高知ならではの料理もきちんと用意されている。

高知で京都の味に出会う感動

この店で思いがけず、懐かしい味に出会った。それはちりめんじゃこの入った玉子焼き。これを我が家では〈じゃこ玉〉と呼んでいて、祖母の代から伝わる「おふくろの味」なのだ。ごま油でじゃこを炒め、幾分甘めに味つけした溶き玉子を流し入れる。それとまさに同じ味なのだ。

上）『風待食堂』店内
下）『風待食堂』で出会ったじゃこ玉！

京都に伝わるおばんざいがなぜ高知に？　その疑問を感じたのは、実はこの料理が初めてではなかった。

昼前に訪ねた中土佐にある『萬《よろず》や』【地図U㊺】という魚料理の店で、これまた懐かしい味に出会っていたのだ。鰹のなまり節と豆腐が一緒に炊かれていて、これまた我が

『うな泰』の〈くじら竜田揚〉

家では〈生節豆腐〉と呼び、鰹の生節と豆腐を一緒に炊いたおかずは頻繁に食卓に上ったものだった。

だが最も驚いたのは〈竜田揚げ〉だ。高知市内の『うな泰《やす》』【地図Ⅴ57】という鰻屋。

前章でも書いた通り、僕の鰻好きは筋金入りだ。鮨屋とともに、全国どこへ行っても隙あらば鰻屋へ入ろうと試みる。

旨い鰻屋があると聞いて訪ねたのがこの『うな泰』。居酒屋の前の腹ごしらえ。無論鰻も食べたのだが、〈くじら竜田揚〉がメニューにあるので、この後に居酒屋巡りが控えているのに思わず頼んでしまった。

〈くじら竜田揚〉をひと口食べて驚きのあまり、声を失った。我が家の〈もみじ焼き〉にそっくりの味わいだった。

信州松本の〈山賊焼〉の項でも触れたように、〈もみじ焼き〉はうちのおふくろの味なのである。

京都では旨い鯨が手に入らなかったのだろう、牛のもも肉で代用していたが、噛み心地といい、味つけといい、我が家と全く同じ。「竜田」は当然ながら「紅葉」に置き換えられる。ここまでくると、偶然の一致だとはとても思えない。何しろ三つも一致したのだから。子どもの頃、〈じゃこ玉〉〈生節豆腐〉、それに〈もみじ焼き〉は僕の三大好物だったのである。と、話はこれだけで終わらない。

『菊寿し』の蒸し寿司

我が家では家庭料理の他に、仕出し屋さんから配達してもらう定番料理があった。その代表が〈蒸し寿司〉。店の名を『末廣』といい、今も寺町二条に店を構え、冬限定のメニューとして〈蒸し寿司〉は人気を呼んでいる。底冷えのする京都。我が家では冬場になると、必ず週に一度は『末廣』の〈蒸し寿司〉を頼んでいた。

この〈蒸し寿司〉という料理。関西以外ではあまり見かけない。出雲地方の一部と長崎で出会ったくらいだ。それがまさか高知で出会うとは。

アーケード街の大丸近く。『菊寿し』【地図V㊳】という店では名物になっているようだった。

蒸篭《せいろ》には鰻をはじめ、錦糸玉子やちくわに蒲鉾と具だくさんでごはんが隠れてしまっている。蒸し立て熱々で運ばれてきたそれを、ふーふーしながら一気に掻っ込む。子どもの頃の記憶がまざまざと蘇る。

京都と高知。はるか遠く離れた地で我が家の味に出会う不思議。ひょっとしてこのふたつの街を結んだのは龍馬だったのでは。相当うがった見方ではある。

大人の居酒屋から屋台餃子、屋台うどんへ

そんな不思議な縁に想いを馳せつつ、土佐の居酒屋巡りは果てなく続く。

風情ある路地奥に、ひっそり暖簾を上げる居酒屋『ときわ』【地図V59】。二軒目はここだ。『風待食堂』に比べると、うんと大人の店。京都の先斗町《ぽんとちょう》辺りにあってもおかしくないような店の佇まい。

年季の入ったカウンターに落ち着いて、徳利酒片手に珍味づくし。分けても鰹の塩タタキは新鮮な驚きだった。お銚子二本ほどで次へ移動。

緩急自在の高知居酒屋巡り。路地裏の居酒屋でしっぽり飲んだ後、第三弾はにぎやかに。

今や高知名所となった『ひろめ市場』【地図Ⅴ60】、ここの熱気には誰もが圧倒される。巨大な居酒屋と言い換えることもできるスペースだ。

ひと頃流行った屋台村が、しぶとく生き残り、さらに磨きをかけたといった雰囲気。

何軒の店があるのだろうか。溢れんばかりの食、酒、食、酒。

ショッピングモールなどでよく見かけるフードコートと同じような方式。それぞれが店という形を取りつつも、テイクアウトコーナーをも兼ねている。当然ながら店に入り込めばその店の料理と酒を味わうことになるのだが、広場のような席に座れば、どこの店の料理を持ってきて食べても構わないというシステム。

ワイン好きの僕に格好の店があり、ここでカヴァのボトルを調達。

アテは周囲のにぎわい。わいわいガヤガヤと大声で語り合い、時には歌まで飛び出す。愉しき市場を後に

店々がひしめく『ひろめ市場』

する。

この『ひろめ市場』だけでなく、昼といわず、朝から街はにぎわいを見せ、土佐っぽが飲み、食べ、語らい、最後に行きつくのは屋台。

街のそこかしこに屋台が出る。ラーメンだけでなく、屋台名物は餃子。

『松ちゃん』【地図Ⅴ❻❶】、『安兵衛』【地図Ⅴ❻❷】いずれ甲乙つけがたく、屋台のハシゴまでをも愉しむ。黄色い縦縞模様の屋台ではタイガースファンが気勢を上げ、「六甲おろし」が高々と響く。

上）『安兵衛』外観
下）『松ちゃん』の餃子

さてここらが潮時とばかりホテルへと向かう。と、ふと通りかかった屋台からいい香りが漂ってくる。珍しや屋台うどん。さすがに高知。鰹の出汁が利いて、土佐の夜を〆るには格好のあっさりうどん。はて何軒廻っただろうかと指折り数えて頭をひねる。果てしなく酔いは回る。

☆泊まるならここ

『リッチモンドホテル 高知』【地図Ｖ】

例によってリッチモンド系列のホテル。アーケード街の中にあるので、車で移動するときは多少の不便を感じるかもしれない。契約駐車場も少し離れている。それ以外はすべて問題なし。快適に過ごせる。おすすめはコーナーダブル。クイーンベッドがうれしい。日曜市の会場も高知城もさほど離れていないので、高知観光にはうってつけのホテル。

6．北の居酒屋（弘前・盛岡）

地吹雪の似合う北の酒場

居酒屋は北にあってこそ、その魅力を輝かせる。北の酒場。北は北海道でもいいが、本州の北端、津軽半島が居酒屋にはもっともふさわしい場所。津軽海峡冬景色。カラオケに行けば僕は必ずこれを熱唱する。

津軽と言えば、津軽三味線である。日本人なら誰もがこの三味線の音色を聴けば、目を閉

上）雪深い『三忠食堂』
下）『三忠食堂』の津軽そば

じる。

目を閉じて荒波砕ける海を思い浮かべ、胸を高ぶらせる。時折りテレビで見かけることはあっても、生で聴く機会はそう多くはない。何よりまずは津軽地方に足を運ばねばならない。

コンサートホールではない。居酒屋で津軽三味線のライヴを、しかも名人の誉れ高い演奏を聴きながら、酒を飲み、津軽の郷土料理に舌鼓を打てる。そんな店が弘前《ひろさき》にある。その名を『あいや』【地図E⑬】という。

場所は弘前大学の近くだったように記憶する。地元の方に案内していただいたのと、猛烈な吹雪《ふぶき》の夜だったので、どの辺りに位置する店なのかが定かでない。

まずは、ランチの店へ向かう。地吹雪というやつである。車で移動していて前がまったく見えない。このまま閉じ込められるのではないかという恐怖感に襲われながらも、旨いものを食いたいという欲望は決して抑えきれない。

津軽は今、映画にもなった「津軽百年食堂」で盛り上がっていると聞いた。聞けば訪ねたくなる。降りしきる雪の中、白い暖簾がいかにも寒々として、しかし中に入れば、ホッとする暖かさ。

それが『三忠《さんちゅう》食堂』【地図E⑭】。どこの街にもあるような食堂。名物は〈津軽そば〉〈中華そば〉、そして〈カツカレーライス〉。

数人で訪れたので、シェアしながらすべてを味わった。

さすが百年の歴史。どれも味に安定感がある。あたふたしていない。食べ終えて、しみじみ美味しいと感じられるのが名店の名店たる所以。

中華そばを啜りながら夜の話になり、雪の降る夜は津軽三味線に限るとなった次第。

イカメンチと津軽三味線

タクシーを降りて『あいや』に入る、わずかな間に白髪頭になった。頭と肩の雪を払いながら店に入る。いかにも北国らしい。

店に入るとまず目に入るのがステージ。どうせなら間近で聴こうと、ステージに近い席に座る。まずはお酒。青森といえば誰がなんと言おうと『田酒《でんしゅ》』。これに限る。正一合で六百円はうれしい。

ライヴもいいが、せっかくだから津軽らしいものを食べたいと言ってすすめられたのが〈マグロの中落ち〉。鮨屋での〆はたいていがこの中落ち巻き。どんな姿で出てくるのかと思いきや、さすがマグロの本場青森。どーんと骨ごと出てきた。これをスプーンでこそげ取りながら食べる。海峡の味がする。かどうかは分からない。

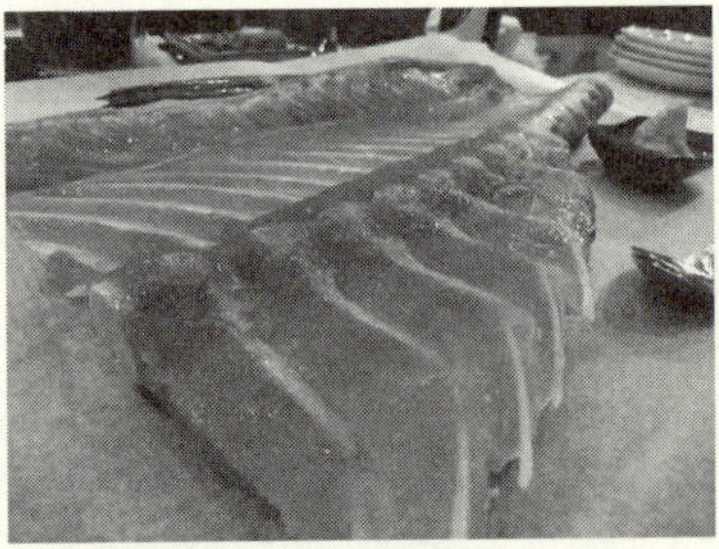
『あいや』の〈マグロ中落ち〉

続く料理は〈イカメンチ〉。これが滅法旨かった。イカゲソを刻んで粉をまぶして油で揚げたもの。さつま揚げのようでもあり、かき揚げのようにも思え、味わい深い料理は、弘前のおふくろの味なのだそうだ。

イカと言えばしかし、函館の名物である。

「イカ刺し　塩辛　イカソーメン　もひとつおまけにイカポッポ　イカイカイカイカイカイカ　イカ踊り　イカイカイカイカイカ　イカ踊り」

函館名物イカ踊りを踊らずして、イカを食べるなかれ。僕は思わず舞台でこの踊りを披露しようかと思ったが、津軽三味線の準備が整ったようなので、泣く泣くあきらめた。

その函館だが、ホテルの朝食ビュッフェに、〈イカコロッケ〉というメニューがあって、これが弘前の〈イカメンチ〉とよく似た味であった。

津軽海峡を挟んで、弘前と函館は百三十キロほどの距離にある。似たような食文化がお互いに伝わり合ったとしても不思議ではない。ましてや漁場は同じ海。こういう例は他にもあって、たとえば〈大間《おおま》のマグロ〉。

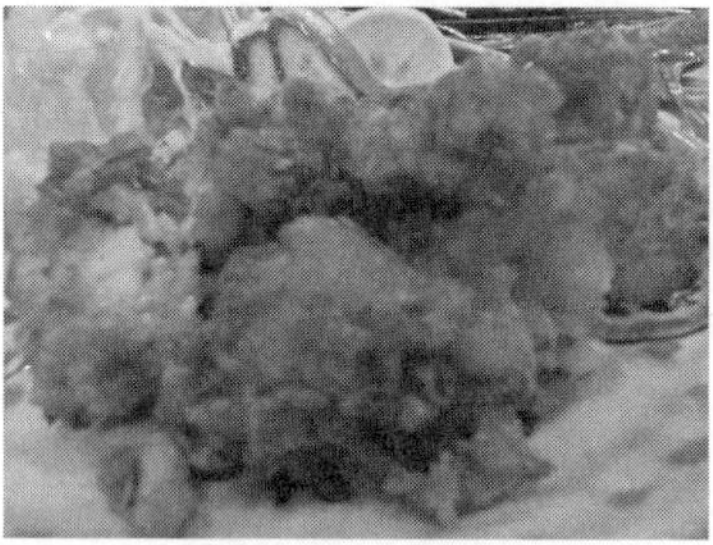
『あいや』名物〈イカメンチ〉

鮨通、マグロ好きの間ではすでに語り尽くされた感のある大間という地名だが、津軽海峡を挟んで対岸にある戸井《とい》となると、その知名度はぐんと下がる。だが大間と戸井はわずか二十キロほどしか離れていない。同じ海だと言っても大きくは違わないだろう。
ローカルグルメは、こういうところにも着目したい。日本地図は絶えず頭の中に置いておくべし。
津軽海峡を泳ぐ、イカ、マグロに想いを馳せながら、スプーンでマグロの身をこそげていると、いよいよライヴの始まり。

名人登場。

ダブル津軽三味線は間近で聴くと迫力満点。哀愁を帯びたメロディーを力強く奏でるバチさばきに見とれてしまう。外の雪とは対照的に、店の中は熱気であふれている。雪国津軽の夜はしんしんと更ける。

『あいや』津軽三味線ライヴ

☆泊まるならここ

『ベストウェスタンホテルニューシティ弘前』【地図E】

新宿、京都など人気のホテルを展開するチェーンホテル。

弘前駅のすぐそばにある、いわゆるアッパービジネスホテル。手ごろな価格と上質の施設、サービスを両立させている。郷土色豊かな朝食は特筆に値する。おすすめは二十二平米のダブルルーム。

盛岡の隠れ居酒屋

津軽も東日本大震災では大きな被害を受けたが、震災直後、最も気がかりだったのは岩手県は盛岡の居酒屋『ヌッフ・デュ・パプ』【地図F⑮】。

三年ほども前に訪ね、店主のIさんとすっかり意気投合したのだった。

盛岡の街歩きをして、さて夜になればどこへ行けばいいのか皆目見当がつかない。ホテルのフロントで訊ねたはいいが、なかなか思う店が見つからない。

あきらめかけていたところへ、たまたま通りかかったホテルの常連客が教えてくれた。ワインが好きならここがいい、とすすめられたのが『ヌッフ・デュ・パプ』。大きな店だが人気があるので予約をしたほうがいいと言われ、その指示に従った。

何よりもまず気に入ったのは、店のある場所の地名である。ホテルのメモ用紙に走り書きされていたのは「映画館通り。旧日活ビル4階」。

旧日活ビル、が泣かせるではないか。裕次郎がひょこっと顔を出すんじゃないかと思わせる。

映画館通りという地名からは、きっと数多くの映画館が通りにずらっと並んでいたのだろうと思わせる。

古くキネマとも呼ばれたことで、キネマ通りという地名も地方都市で時折り見かける。映画が唯一の娯楽だったころがあるのだろう。それらの界隈にはレストランが並び、映画鑑賞の後先に、美味しいものを食べる、そんな光景が浮かぶ。ささやかな喜びが、満ち足りた幸せにつながった時代を懐かしく思う。

ビルの前に立つ。旧日活ビル。レトロと言えば聞こえはいいが、なんとも古めかしいビルである。いくばくかの不安を抱きながらいざ店へ。

大きい店だと予想していたが、思った以上に広い店内にいささかたじろぐ。ひとり客には向かないのではないかと思うほどの喧騒。百は軽く超えて、大勢の客が肩を寄せ、グラス片手に宴を張っている。

入口近くのカウンターに案内され、メニューを開いてまた驚いた。食べたいものがずらりと並び、ワインリストには飲みたい泡が溢れている。スプマンテにホロホロ鳥を合わせることにした。

わずか二、三分顔を合わせただけだが、この店を紹介してくれた人の名を告げた。ホロホロ鳥。昆布〆というスタイルが珍しい。魚でなくても昆布で〆れば旨いのか、スプマンテをグラスに注ぎながら感心していると、背中から声がかかった。

「いらっしゃいませ。Yさんのお知り合いの方だそうで」

名刺を差し出してきたのは店のオーナーIさんだった。

僕は正直に経緯を話し、名刺を交換した。

「京都からですか？」

Iさんが驚いたように言った。

こういうとき、京都人であることをつくづく有難く思う。Iさんもそうであったように、憧れを持って京都を語ってくれるからである。

盛岡へ来た目的、食べ物の話など、ひとしきり話し終えたところで、Iさんから提案があった。よかったら隠れ家へ来ませんか、と。

表題に隠れ居酒屋と書いたのは、ここから後の話である。鮨が大好物だと言ったからだろう。なんとこの店には隠れ鮨カウンターがあって、そこにはちゃんと『寿司バークード・ヌッフ』という店の名前までついているのだ。

喜んでお誘いにしたがったのは言うまでもない。

十席にも満たない小さな店だが、カウンターに座れば、普通の鮨屋である。飲みかけのスプマンテが運ばれてき、

『ヌッフ・デュ・パプ』店内

板前さん登場。客は僕ひとり。つまりは貸切鮨屋というわけだ。

思いがけない展開に歓喜し、長くIさんとグラスを交わした。初対面とは思えないほどに話は盛り上がり、主には東北の食の話に花が咲いた。

〈じゃじゃ麺〉の話になり、Iさんから問われた。

「チータンタンはご存じですか?」

「は? チータンタン、ですか。知りません」

となって、翌日の昼はその〈チータンタン〉を試してみることになった。

こういう出会いはうれしい。こんな酒ほど愉しいものはない。迷惑でなければ、と念を押して僕は翌日の夜の予約をした。

先にも書いたように、知らない街を訪ねて、さて夜をどうするか、というのは実に悩ましい問題である。ひと晩だけなら、こうしていい出会いがあれば、それで済むのだが、ふた晩、三晩となると、悩みはさらに深まる。

ひと晩目で、いい出会いがあって、それが七割、八割くらいの満足感なら、次の夜は別の店を探す。だが八割を超えて、九割までとなると、同じ店に続けて通うのが、僕のいつもの流儀だ。

限られた予算内で、好みの酒と料理があり、何よりその地ならではの、人との触れ合いを愉しめる店。そうそうあるものではない。ふた晩目に大きくハズしてしまうのが怖いのである。これなら昨日と同じ店に行っておけばよかった、そう激しく後悔するのは絶対にイヤなのだ。

ふた晩目の『ヌッフ・デュ・パプ』は、鮨カウンターではなく、広い店のほうで飲んで食べて、食べて飲んで、と盛岡居酒屋を堪能した。

広い店は昨日に続いてほぼ満席。ビヤホールっぽい店に響くざわめきが何とも心地よくなってきた。岩手名産の短角牛、肉がごろごろ入ったボロネーゼに舌鼓を打ち、岩手は釜石の銘酒『浜千鳥』の本醸造をぐいぐい呷《あお》った。

じゃじゃ麺とチータンタン

旅というものは不思議な出会いの連続である。そしてその出会いがまた新たな出会いにつながる。

翌日のランチタイム。懸案の〈チータンタン〉。

単独で食べるものではないと聞いた。盛岡名物〈じゃじゃ麺〉を食べて後の愉しみだと。

〈わんこ蕎麦〉〈冷麺〉と並んで、〈盛岡三大麺〉のひとつ〈じゃじゃ麺〉は、かつてどこかで食べた記憶があるのだが、あまり記憶に残っていない。

元祖とも呼ぶべき店は『白龍《パイロン》』なる店だと聞いたが、行列必至と言われ、列車の時刻とにらみ合わせ、これを諦めて、名の知れた『ぴょんぴょん舎』を選んだ。駅からすぐ近いのもありがたい。

と、店名を見ると『Ｈｏｔ Ｊａ Ｊａ』【地図Ｆ⑯】とある。が、店のスタッフに訊ねると『ぴょんぴょん舎』と同じ系列だと答えた。どうやら〈じゃじゃ麺〉の専門店らしい。オシャレな店は若者向けなのか、まあこれもいいかと腰を落ち着け〈じゃじゃ麺〉を頼んだ。

実にシンプルな食べ物である。熱く茹でたうどんに、刻み胡瓜と肉味噌が載っただけ。が、この料理のキモはその食べ方にある。

酢、ラー油、胡椒、おろしニンニク、おろしショウガ、さらにはニンニクの一升漬けなど、テーブルにずらりと並んだ調味料を好みで使い分け、自分流の〈じゃじゃ麺〉に仕上げるのである。

これはなかなかに愉しい。僕はお酢とラー油、おろしショウガを多めにかけ、最後にニンニクの一升漬けで変化をつけた。

さていよいよ麺を食べ終えて〈チータンタン〉の出番。その食べ方は。

食べ終えた皿に、テーブルの生玉子を割り入れ、軽く箸で混ぜる。手を上げて店のスタッフを呼び、〈チータンタン〉と言って、皿を渡す。と、そこにスープを入れてくれるという寸法だ。

ここでも活躍するのが先の調味料。酸っぱい味が好きな僕はここにもお酢をたっぷり。味噌を少し足してラー油をかけ、レンゲで掬って飲む。ひと皿で二度美味しい料理。

上）『Hot JaJa』の〈じゃじゃ麺〉
下）仕上げの〈チータンタン〉

それにしても不思議なのはその名前。なぜ〈チータンタン〉なのか。

元は鶏蛋湯《ちーたんたん》だったと聞いた。カタカナだと分かりにくいが、漢字で読めばなるほど。鳥の卵（蛋）の湯（スープ）。

僕は〈じゃじゃ麺〉よりむしろ、この〈チータンタン〉のほうが記憶に残っている。

震災の後、『ヌッフ・デュ・パプ』も『ＨｏｔＪａＪａ』も健在だと知って、胸を撫《な》で下ろした。再会の機会を心待ちにしている。

☆泊まるならここ

『ホテル東日本盛岡』【地図F】

少しく風変わりな名前のホテルだが、盛岡では老舗の宿。赤煉瓦が印象的な外観そのままに、クラシックなスタイルを守っている。

僕がこのホテルを選んだ理由のひとつに、空港からのアクセスがある。リムジンバスの停留所がホテルの真ん前なのだ。さまざまに使い勝手のいいホテルである。

おわりに

グルメブームと言われ出して久しい。書店にはグルメガイドが山積みにされ、ネット上では、プロアマ入り乱れて、グルメ情報を発信し続けている。

だがそれはほとんどが大都市近辺に限ってのこと。首都圏、関西がその大部分を占め、かろうじて地方の主要都市がわずかに加わる程度。

当たり前のことだが、旨いものは日本中どこにだってある。知られていないだけなのだ。本書でご紹介したのは、ほんの一部である。知らない街でその味に出会い、心を動かされたものは、まだまだたくさんある。それはぜひ、ご自身で探し当てるか、もしくは偶然の出会いを果たしていただきたい。知った上で食べるのと、偶然その味に出会うのとでは、心の動きようが違う。

偶然見つけて、あるいは地元の方に教わって、いくつもの旨いものに出会った。世の中にこんな旨いものがあるだろうか、と感動したものもあれば、〈旅〉というスパイスは、ここまで味わいを深めるのか、と感じ入ったものもある。いずれにしても、旅先というシチュエーションを抜きにして、これらの味を語ることは意味を持たない。

と、ここで僕が言いたいのは、日常を少しく離れれば、そこはもう旅先だということ。同じ京都にあっても、生活圏から離れたところにある『五楽』や『おやじ』は旅先である。

それと同じように、東京にあっても駅の立ち食い蕎麦や、下町のカレーショップは旅先の店として見るのがいい。それはきっと新鮮な驚きになるだろうと確信する。つまり、ローカルグルメは存外、身近にあったりするものなのである。

多数意見に偏るのが、今の日本である。多くが旨いと言えばそれに従い、人が並んでいれば、わけも分からずその列の後ろにつく。本書でご紹介した〈おとなのローカルグルメ〉は、その対極にある。

他の土地の人間は見向きもしない。あるいはそれが、空気か水のように、当たり前に存在し続けている。もしくは、人知れず長らえるように、息を潜めている。そんな旅先の食べ物、店を集めてご紹介した。

旅は文句なしに愉しい。

旅とは、懐かしさをたしかめることと、新たなものを見つけること。このふたつで成り立っている。

それをもっとも身近に感じられるのが食。

懐かしき味と再会し、新たな味に出会う。これこそが旅の醍醐味。そんな想いで一冊綴《つづ》ってみた。


まさに諸行無常。明日のことは誰にも分からない。

長く日本中を歩き回っていると、災害に遭った土地を容易に思い浮かべることができ、それゆえ同じ哀しみを共有することになる。ほとんどはかろうじて難を逃れたが、何軒かは店を失い、わずかだが店の主《あるじ》をもなくしてしまった。

残された人々にどんなに励ましの言葉をかけようとも、髪の毛一本ほどの力にもならないだろうことは承知している。

千年に一度あるかないか。そんな不幸に遭遇することがあっても、どんなときでも、人は食べることを辞することができないのだ。

東日本大震災の後、三月《みつき》ほどが経って、あるサイトに寄せた小文を以下に記す。

＊

「腹が減っては戦ができぬ」

「親が死んでも腹は減る」

明治生まれの祖父が、事ある度に呟《つぶや》いていた言葉だ。無論「食」以外にも、様々な諺《ことわざ》を口にしていたが、強く印象に残っているのは、「腹が減る」ことに纏《まつ》わる、先のふたつだ。

それにしても後者は強烈だ。いきなり「親が死ぬ」のだから。普通に考えれば、人は親を二人しか持たない。しかも死ぬのはそれぞれ一度ずつだ。つまりは人の一生で絶対に二度しか起こらない一大事に「腹が減る」とわざわざ言及し、それを折に触れ繰り返すのだから、尋常ではない。

戦など前にしなくても、親が死なずとも、いつでも誰でも、時間が来れば腹は減る。そしてそれを満たすために人は〈食べる〉。

つまり先の言葉は、緊急事態であっても平常心を持って事に当たるべきとの心得を説いたものではなかろうかと思うに至った。

「飯など食べてる場合じゃない」のではなく、どんな状態であろうと、人は〈食べる〉ことなくして生きていけないのである。どんな非常時でも、〈食べる〉ことを躊躇《ためら》う必要などどかけらもない、そんな教えなのだろう。「腹が減る」のは、人が生きている証なのだから、その自然の摂理に素直に従うべきだ。

苦しみを乗り越えるためにも、哀しみを癒やすためにも、そして明日に備えるためにも、人は〈食べ〉ねばならない。どうせ〈食べ〉るのなら、旨いものを愉しく〈食べ〉たいと願う。その意欲こそが人に生命の明りを灯《とも》すのである。

＊

日本には旨いものが連なっている。だから必ず、どんな障害をも乗り越えられるのである。

A
根室湾
313
根室署
根室市役所
根室振興局
北斗小
大正町
2 ニューモンブラン
光和町
根室本線
根室
釧路地方
裁判所
根釧国道
44
142
宝林町

B
北海道大
桑園
札幌
5
函館本線
ホテルグレイスリー札幌
植物園
北海道庁
12
大通
地下鉄東西線
124
西28丁目
北1条宮の沢通
西11丁目
西8丁目
西4丁目
バスセンター前
円山バス
ターミナル
西18丁目
中央区役所前
すすきの
西15丁目
5 ハラガヘッタラ
永坊
円山公園
4
マタレー
札幌医大
資生館
小学校前
豊水すすきの
6 けやき すすきの本店
西線6条
東本願寺前
230
453
札幌市電
出鼻9条
中島公園
地下鉄東豊線
西線9条
旭山公園通
学園前
界川神社
中島公園通
中島
公園
地下鉄南北線
豊平川
西線11条
うな清 3
行啓通
西線14条
幌平橋
静修学園前

C
小樽開発埠頭
第1号倉庫
小樽市
総合博物館
フェリー待合所
北日本倉庫
大同倉庫
西陵中
小樽
7 藪半
小樽港
北一ヴェネツィア美術館
8 北一ホール
オロロンライン
函館本線
小樽市役所
17
小樽公園
小樽病院
南小樽
市立小樽病院
5
小樽IC

D
函館港
函館本線
函館
青函連絡船
記念館摩周丸
ロワジールホテル 函館
函館どっく前
若松町
函館駅前
松風町
大町
水産物地方
卸売市場
海上自衛隊
函館基地隊
市役所前
函館市役所
あじさい 紅店
9
279
赤レンガ
倉庫群
末広町
魚市場通
元町公園
函館漁港線
十字街
五島軒 本店 10
港ヶ丘教会
12 印度カレー小いけ 本店
11 元祖インドカレー 小いけ
山麓
宝来町
山頂
函館山
津軽海峡
市電

E
弘前城
植物園
第一中
三忠食堂 本店 14
奥羽本線
東和徳町
和徳小
31
弘前大医学部
保健学科
弘前プリンス
17
弘前
弘前大病院
中央弘前
東北女子短大
3
市立病院
駅前町
ベストウェスタンホテル
ニューシティ弘前
弘南鉄道弘南線
弘南鉄道大鰐線
弘前高
GS
松森町
あいや
13
御幸町
弘高下
109
弘前東高前

F
1
石川啄木
新婚の家
132
盛岡中央局
中央通
岩手医大
大通
盛岡駅前北通
桜城小
15 ヌッフ・デュ・パフ
盛岡駅前通
2
ホテル東日本盛岡
16 Hot JaJa
ルートイン盛岡駅前
盛岡
盛岡城跡公園
北上川
東北新幹線
東北本線

G
至上野
昭和通り
西町太郎稲荷神社
都立白鷗高
清洲橋通り
春日通り
453
台東四丁目
17 サカエヤ
元浅草郵便局
都営大江戸線
コンビニ
新御徒町
首都高速1号上野線
御徒町台東中
区立平成小

H
1
永代通り
八重洲一丁目
COREDO日本橋
日本橋
都営浅草線
東京メトロ東西線
昭和通り
日本橋南郵便局
中央通り
東京
八重洲
江戸橋一丁目
日本橋
八重洲中央口
東京メトロ銀座線
18 野田岩 日本橋髙島屋店
首都高速都心環状線
20 牛肉弁当

I
都営浅草線
至東京
山手線
横須賀線
東海道新幹線
グランドプリンスホテル高輪
15
グランドプリンスホテル新高輪
京急本線
山手線
東急EXイン品川駅前
第一京浜
常盤軒
19
品川
エプソン品川アクアスタジアム
品川プリンスホテル

J
松本城
安立寺
22 しづか
ホテルアルモニービアン
295
H 松本ホテル花月
25 桜家
大名町通
千歳橋
女鳥羽川
時計博物館
中央一丁目
中央二丁目
リッチモンドホテル松本
143
まつ嘉
143
篠ノ井線
高橋 駅前本店
27
ニュー七福ボウル
26
瑞松寺
24
23
神明町
松本郵便局
蔵のむこう
萬来
松本駅前
295
全久院
松本
上高地線
松本電鉄
まつもと市民芸術館

K
152
連尺
田町
板屋町
257
152
第一通り
田町
大安寺
連尺町
30 曳馬野
ホテルクラウンパレス浜松
遠州鉄道線
29
JR浜松駅北口
魚魚一
オークラアクトシティホテル浜松
257
鍛冶町
旭町
伝馬町
浜松
新浜松
JR浜松駅東
東海道本線
東海道新幹線
ホテルアセント浜松
砂山町

L
七ツ屋
159
北鉄浅野川線
金沢
北鉄金沢
北陸本線
ホテル日航金沢
13
宗龍寺
卯辰山公園
35 自由軒
ホテルリソル
トリニティ金沢
浅野川
尾崎神社
名古屋高等検察庁
157
金沢城跡
敬愛病院
33 ラッキー
159
日本銀行
31 グリルオーツカ
兼六園
金沢市役所
金沢医療センター
雨宝院
32 小松弥助
県立工高
金沢大病院
金沢美術工芸大
野町
北鉄石川線
10
天徳院
144
日吉神社
洋食屋 ニュー狸 34
犀川

M
名古屋高速都心環状線
外堀通
各駅
東海道新幹線
中央本線
那古野
名駅三丁目北
40 たら福
ダイワロイネットホテル名古屋新幹線口
名古屋めし
39
37 カトレヤ
36
太閤通口
名古屋
名鉄名古屋
名古屋マリオットアソシアホテル
住よし
近鉄名古屋線
関西本線
22
丸の内
地下鉄桜通線
68
伏見通
名古屋錦局
錦
ヨコイ錦店
38
地下鉄名城線
名鉄瀬戸線
久屋大通
栄駅
地下鉄東山線
栄
伏見
名古屋国際ホテル
広小路通
栄
19
地下鉄舞鶴線
中区
白川公園

N
長浜別院大通寺
西本願寺長浜別院
長浜赤十字病院
北陸本線
南呉服町
曳山博物館
長浜市役所
茂美志や
43
44
大宮町
高田町
509
元浜町
42
茶しん
公園町
翼果楼
宗圓寺
南高田町
長浜
長浜城歴史博物館
豊公園
北船町
556
長浜北星高
ヤンマー
大島町
長浜ロイヤルホテル
2
北ビワコホテルグラツィエ
琵琶湖汽船観光船のりば
琵琶湖

O
セガワールド
草津線
セレマ草津シティホール
ホテル ボストンプラザ草津
西口
草津
近鉄百貨店
草津店
渋川
東口
滋味康月 45
142
大路
東海道本線
三菱東京UFJ
銀行草津支店

P
23
松阪
総合病院
松阪署
松阪合同庁舎
愛宕川
松阪
松阪中央
ショッピングセンター
松阪シティホテル
20
金剛川
60
本居宣長ノ宮
紀勢本線
37
東松阪
166
松阪高
近鉄山田線
JA
756
たま樹 46
徳和
下村町
松阪徳和局
上川神社
正福寺
三重高

Q
四条大橋
祇園
八坂神社
阪急京都線
かわらまち
四条河原町
ぎおんしじょう
南座
綾小路通
団栗橋
大和大路通
祇園
仏光寺通
仏光寺
塗師屋町
御幸町通
寺町通
建仁寺
圓徳院
高辻通
高瀬川
木屋町通
川端通
恵美須神社
金比羅絵馬館
安井金比羅宮
宮川町通
夕顔石碑
松原通
32
松原橋
八坂通
八坂の塔
高倉通
鉄輪の井
東山署
六道珍皇寺
万寿寺通
おやじ
47
松原通
東山区役所
きよみずごじょう
六波羅蜜寺
五条大橋
143
大黒町
富小路通
河原町五条
五条大橋
1
五条通
六条通
市比賣神社
東山五条

R
七条堀川
七条通
しちじょう
交番
銀閣
河原町七条
七条大橋
1
京都新阪急ホテル
下京区役所
タワーホテル
鴨川
きょうと
リーガロイヤル
麺家 京都上がも
センチュリー
49
京都
師団街道
新・都ホテル
ホテル京阪
24
奈良線
東九条
地下鉄烏丸線
48
五楽
高瀬川
油小路通
ダイワロイネットホテル 京都八条口
とうふくじ
とうじ
第一
143
くじょう
福稲
九条油小路
九条河原町
近鉄京都線
河原町通
随林寺
115
札辻通
烏丸通
ホテルアンテルーム 京都
琵琶湖疏水
竹田街道
じゅうじょう
とばかいどう
十条烏丸
じゅうじょう
河原町十条

S
くらまぐち
上御霊神社
京都産業大附高
堀川寺之内
上立売東町
51 柳園
上立売通
いまでがわ
同志社大
同志社女子校
今出川通
上京区役所
西陣織会館
堀川今出川
烏丸今出川
晴明神社
上京区
中立売通
烏丸通
京都御苑
大宮通
黒門通
猪熊通
京都府庁
浮田町
50 キッチン・ゴン
堀川下立売通
京都第二
赤十字病院
堀川通
187
烏丸丸太町
まるたまち
丸太町通
堀川丸太町
38
油小路通
小川通
西洞院通
釜座通
新町通
衣棚通
室町通
両替町通
車屋町通
東洞院通
間之町通
高倉通
堺町通
柳馬場通
富小路通
麩屋町通
二条城
押小路通
37
にじょうじょうまえ
367
烏丸御池
御池通
堀川御池
地下鉄東西線
からすまおいけ
姉小路通
中京区
烏丸三条
三条通
52 ひゃくてんまんてん
地下鉄烏丸線
六角堂
高倉通
六角通
蛸薬師通

T
中崎町
東海道本線
至梅田駅
大阪環状線
北区
北区役所
天満
長柄
54
扇町
自由軒
桜ノ宮
扇町公園
堂山町
扇町
同心
大川
東梅田
与力町
阪神高速1号環状線
天神橋筋
曽根崎
R&Bホテル梅田東
京阪国道
南森町
1
西天満
南森町
地下鉄谷町線
大阪高裁
大阪天満宮
地下鉄谷町線
大江橋
大阪市役所
天満
なにわ橋
淀屋橋
松屋町筋
北浜
京阪本線
地下鉄御堂筋線
地下鉄堺筋線
天満橋
高麗橋
土佐堀筋
少彦名神社
53
志津可
東高麗橋

U
久礼小
土讃線
大谷旅館
久礼中
岩吾商店
土佐久礼
中村街道
久礼局
中土佐町役場
伊屋南
神山東
萬や
55
久礼港
中土佐
ふるさと海岸
56

V
永国寺町
廿代町
61 松ちゃん
高知橋
32
土佐女子高
蓮池町通
風待食堂 56
安兵衛
62
リッチモンドホテル 高知
帯屋町
市立
追手前小
土佐電鉄桟橋線
60
ひろめ市場
高知大丸
58 菊寿し本店
中央公園
デンテツ
ターミナル
ビル前
堀詰
土佐電鉄伊野線
はりまや橋
大橋通
32
中村街道
59 ときわ
医療法人生生会
下村病院
NHK高知放送局
堺町
うな泰 57
34

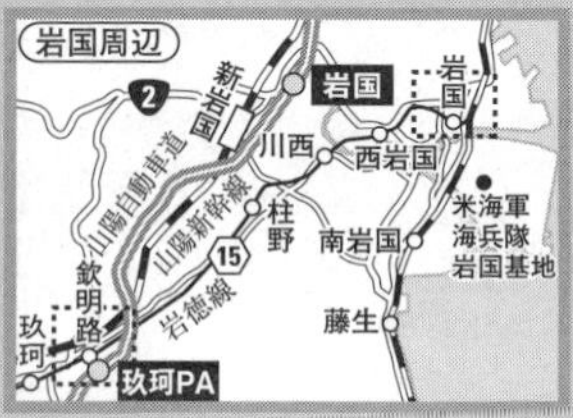
岩国周辺
新岩国
岩国
岩国
2
山陽自動車道
川西
西岩国
山陽新幹線
柱野
米海軍
海兵隊
岩国基地
南岩国
15
欽明路
岩徳線
藤生
玖珂
玖珂PA

W
188
岩国警察署
麻里布交番
至広島
50
岩国駅西口
岩国ビジネス
ホテル&スパ
岩国
麻里布町
なかがわ
クリニック
福屋岩国店
3丁目
グリーンリッチホテル
岩国駅前
岩国局
山陽本線
岩国プラザホテル

64 いろり山賊 玖珂店
山陽新幹線
15
河内地
集会所
中野口
集会所
玖珂中央病院
2
欽明路
いちご薬局玖珂店
岩徳線

X
徳山
黒髪島
徳山湾
大津島
172
347
ホテル ルートイン
徳山駅前
53
徳山港町
第二スター 65
52
徳山
スター本店 66
平和通
徳山港
山陽本線
山陽新幹線
晴海町
大津島
大津島中
徳山湾
馬島待合所
周防灘
馬島
小屋場 只只
水揚鼻
金崎
洲島

Y
岡山
山陽本線
山陽新幹線
野田屋町
柳川筋
岡山中央中
城下筋
旭川
ダイワロイネットホテル
岡山駅前
53
岡山駅前
西川緑道公園
柳川
城下
岡山電軌
27
岡山電軌
日本銀行
錦町
郵便局前
県庁通り
岡山中央局
第2合同庁舎
幸町
内山下
だてそば 67
西川緑道公園
田町
あくら通り
表町

Z
熊本中央高
熊本電鉄藤崎線
藤崎宮前
1
市立藤園中
市立城東小
熊本信愛女学院高
69 こむらさき 本店
南坪井町
72 好信楽瑠璃庵
熊本城公園
千葉城町
熊本城
本丸
坪井川
上通町
薩摩街道・鹿児島街道
通町筋
ホテル日航熊本
熊本城・市役所前
熊本市役所
水道町
28
手取本町
栄通り
熊本市電
70 桂花 総本店
68 紅蘭亭
花畑町
三年坂通り
クラブ通り
3
71 味千 銀座通り店
下通一丁目
銀座通り
三菱東京UFJ銀行熊本支店
白川
リッチモンドホテル熊本新市街
中央街
辛島町
新市街
熊本ワシントンホテルプラザ
熊本大病院

a
小倉記念病院
199
小倉駅北口
浅野二丁目
山陽新幹線
リーガロイヤルホテル小倉
日豊本線
紫川
73 ぷらっとラーメン 小倉駅店
浅野一丁目
小倉
37
ちゅうぎん通り
駅前交番
小倉駅前郵便局
勝山橋
京町
魚町
平和通り
コレット
鹿児島本線
京町四丁目
小倉駅前
魚町
船場町
74 田舎庵
199
鍛冶町二丁目
北九州モノレール
平和通
鍛冶町

b
長崎
長崎本線
長崎駅前
諏訪神社前
桜町
桜町通
77 長崎市役所 ル・シェフ
恵美須町
金屋町
公会堂前
五島町
長崎電鉄
新長崎街道
賑橋
寺町
78 銀屋町 まさる
諏訪町
大波止
西浜町 (アーケード前)
79 カレーの店 夕月
万屋町
長崎港
出島
西浜町
観光通り
鍛冶屋町
思案橋
大光寺
築町
本石灰町
出島町
リッチモンドホテル 長崎思案橋
油屋町
正覚寺下

本書で紹介した主な店舗・ホテルリスト

〈大分県〉

⑳**想夫恋　新本店**（地図外）
〒877-0037 日田市若宮町416-1
TEL：0973（24）3188　営業時間：11:00～21:45（LO）
定休日：元日のみ
アクセス：JR久大本線「日田」駅より徒歩12分、またはバス停「国土交通省前」より徒歩2分　http://www.sofuren.com/ 【p.142】

〈佐賀県〉

㉑**焼麦弁当**（地図外）
JR「鳥栖」駅（佐賀県鳥栖市）などにて販売
製造元：中央軒〈TEL：0942（82）3166〉
http://www.tosucci.or.jp/kigyou/chuohken/ 【p.155】

㉒**竹屋**（地図外）
〒847-0051 唐津市中町1884-2
TEL：0955（73）3244
営業時間：11:30～19:00（日祝～18:30）　定休日：第1・第3・第5日曜
アクセス：JR「唐津」駅より徒歩6分 【p.176】

〈福井県〉

㉓**敦賀ヨーロッパ軒**（地図外）
〒914-0062 敦賀市相生町2-7
TEL：0770（22）1468
営業時間：11:00～20:00
定休日：月曜、第2・第3火曜（祝日の場合は営業）
アクセス：JR「敦賀」駅前よりコミュニティバス松原線・金山線「神楽町」下車、徒歩5分　http://468.tenponyan.com/ 【p.186】

〒802-0004 北九州市小倉北区鍛冶町1-1-13
TEL：093（551）0851
営業時間：11:00〜21:30（LO21:00） 年中無休（年末年始は要問合せ）
アクセス:JR「小倉」駅より徒歩5分 http://www.inakaan.com/ 【p.176】

⑮伽哩本舗 博多駅店（地図外）
〒812-0012 福岡市博多区博多駅中央街2-1 博多バスターミナル8F
TEL：092（474）7112 営業時間：11:00〜21:30（LO21:00）
アクセス:JR「博多」駅より徒歩3分 http://www.curry-honpo.com/ 【p.91】

⑯元祖本吉屋（地図外）
〒832-0022 柳川市旭町69
TEL：0944（72）6155 営業時間：10:30〜21:00 定休日：第2・第4月曜
アクセス：西鉄「西鉄柳川」駅より徒歩13分
http://www.yanagawa-cci.or.jp/kigyo/kigy0361.html 【p.174】

リーガロイヤルホテル小倉（地図a）
〒802-0001 北九州市小倉北区浅野2-14-2
TEL：093（531）1121／FAX：093（521）2730
アクセス：JR「小倉」駅北口より空中回廊で直結、徒歩1分
http://www.rihga-kokura.co.jp/index.htm 【p.176】

〈長崎県〉

⑰長崎市役所 ル・シェフ（地図b）
〒850-0031 長崎市桜町2-22 長崎市役所本館地下1F
TEL：095（825）5586 営業時間：9:00〜17:00
定休日：土曜・日曜・祝日
アクセス：路面電車「桜町」電停より徒歩2分 【p.21】

⑱銀屋町 まさる（地図b）
〒850-0854 長崎市銀屋町2-3
TEL：095（820）9888
営業時間：11:30〜14:00（LO13:30）／18:00〜22:30（LO21:30）
定休日：火曜
アクセス：路面電車「賑橋」電停より徒歩3分
http://masaru2008.exblog.jp 【p.23】

⑲カレーの店 夕月 ベルナード観光通り店（地図b）
〒850-0852 長崎市万屋町4-12-2F
TEL：095（827）2808 営業時間：11:00〜20:00 不定休
アクセス：路面電車「賑橋」電停より徒歩3分
http://www.yuuzuki.com/ 【p.27】

リッチモンドホテル 長崎思案橋（地図b）
〒850-0901 長崎市本石灰町6-38
TEL：095（832）2525／IP電話：050（5548）3717／FAX：095（832）2526
アクセス：路面電車「思案橋」電停より徒歩1分
http://www.richmondhotel.jp/nagasaki/ 【p.30】

http://www.kourantei.com/ 【p.120】

⑲こむらさき 本店（地図Z）
〒860-0847 熊本市上林町3-32
TEL：096（352）8070　営業時間：11:00～19:30　定休日：火曜
アクセス：熊本市電「通町筋」電停より徒歩10分、または熊本電鉄「藤崎宮前」電停より徒歩5分、またはバス停「藤崎宮前」より徒歩5分
http://www.komurasaki.com/ 【p.121】

⑳桂花 総本店（地図Z）
〒860-0806 熊本市花畑町11-9 K-1ビル
TEL：096（325）9609
営業時間：月～木11:00～23:45（LO）、金・土11:00～翌1:45（LO）、日11:00～20:00（LO）
アクセス：熊本市電「熊本城・市役所前」電停より徒歩5分
http://keika-raumen.co.jp/ 【p.122】

㉑味千拉麺 銀座通り店（地図Z）
〒860-0806 熊本市花畑町13-4
TEL：096（354）9822　営業時間：11:00～翌3:00　定休日：元日のみ
アクセス：熊本市電「熊本城・市役所前」電停より徒歩3分
※支店は全国に99店舗あります。　http://www.aji1000.co.jp/ 【p.122】

㉒好信楽瑠璃庵（地図Z）
〒860-0848 熊本市南坪井町 5-21-2F
TEL/FAX：096（352）8174
営業時間：18:00～24:00（LO）　※昼の営業は要相談　定休日：火曜
アクセス：熊本電鉄「藤崎宮前」電停より徒歩3分
http://ameblo.jp/lurian/ 【p.232】

リッチモンドホテル 熊本新市街（地図Z）
〒860-0803 熊本市新市街 6-16
TEL：096（312）3511／FAX：096（312）3512
アクセス：熊本市電「辛島町」電停より徒歩1分
http://www.richmondhotel.jp/kumamoto/ 【p.122】

ホテル日航熊本（地図Z）
〒860-8536 熊本市上通町2-1
TEL：096（211）1111／FAX：096（211）1175
アクセス：JR「熊本」駅よりタクシー10分、または熊本市電「通町筋」電停より徒歩1分　http://www.nikko-kumamoto.co.jp/ 【p.244】

〈福岡県〉

㉓ぷらっとラーメン小倉駅店（地図a）
〒802-0001 北九州市小倉北区浅野1 JR「小倉」駅在来線5・6番ホーム上
TEL：093（531）5882　営業時間：10:00～22:50　年中無休 【p.90】

㉔田舎庵 小倉店（地図a）

TEL：0834（21）2226
営業時間：11:00〜不定　不定休
アクセス：JR「徳山」駅より徒歩4分　【p.125】

⑯**スター本店**（地図X）
〒745-0026 周南市住崎町1-22
TEL：0834（21）1437　営業時間：11:00〜18:00　定休日：水曜
アクセス：JR「徳山」駅より徒歩3分　【p.127】

小屋場 只只（地図X）
〒745-0057 周南市大津島宇西田浦2763
TEL：0834（85）2800（10:00〜22:00）／FAX：0834（28）2963（24時間受付）
アクセス：JR「徳山」駅より乗船場まで徒歩5〜10分、徳山港より馬島まで25〜35分（馬島港まで出迎えあり）　http://www.koyaba.jp/　【p.129】

ホテル ルートイン 徳山駅前（地図X）
〒745-0036 周南市本町1-35
TEL：0834（27）1117／FAX：0834（27）1115
アクセス：JR「徳山」駅より徒歩3分
http://www.route-inn.co.jp/search/hotel/index_hotel_id_253　【p.130】

グリーンリッチホテル 岩国駅前（地図W）
〒740-0018 岩国市麻里布町2-5-21
TEL：0827（29）5555／FAX：0827（29）6666
アクセス:JR「岩国」駅より徒歩2分　http://www.gr-iwakuni.com/　【p.49】

〈岡山県〉

⑰**だてそば**（地図Y）
〒700-0822 岡山市北区表町2-3-60
TEL：086（222）6112
営業時間：11:30〜19:00／土日祝11:30〜19:30　定休日：火曜・水曜
アクセス：路面電車「県庁通り」電停より徒歩3分　【p.189】

ダイワロイネットホテル 岡山駅前（地図Y）
〒700-0023 岡山市北区駅前町1-1-1
TEL：086（803）0055／FAX：086（803）0056
アクセス：JR「岡山」駅より徒歩1分
http://www.daiwaroynet.jp/okayamaekimae/　【p.191】

〈熊本県〉

⑱**紅蘭亭**（地図Z）
〒860-0801 熊本市安政町5-26 2F
TEL：096（352）7177
営業時間：11:30〜21:30（LO21:00）／日・祝11:00〜
アクセス：熊本市電「通町筋」電停より徒歩3分

TEL：088（872）5421　営業時間：17:00～23:00　定休日：日曜・祝日
アクセス：路面電車「大通橋」電停より徒歩1分　【p.250】

⑥⓪ひろめ市場（地図Ⅴ）
〒780-0841 高知市帯屋町2-3-1
TEL/FAX：088（822）5287
営業時間：8:00～23:00／日曜7:00～23:00
※施設全体の営業時間です。各店舗ごとに営業時間と休みは異なります
休館日：元日、1・5・9月の第2または第3水曜日（計4回）
アクセス：路面電車「大橋通」電停より徒歩1分、またはよさこいぐるりんバス停「ひろめ市場前」よりすぐ
http://www.hirome.co.jp/　【p.251】

⑥①松ちゃん（屋台）（地図Ⅴ）
〒780-0843 高知市廿代町6-27
営業時間：20:00～翌3:00　定休日：日曜
アクセス：路面電車「蓮池町通」電停より徒歩4分　【p.252】

⑥②安兵衛（屋台）（地図Ⅴ）
〒780-0843 高知市廿代町2（ボウルジャンボ前）
TEL：088（882）3287
営業時間：19:00～翌3:00／土曜19:00～翌4:00（LO閉店30分前）
定休日：日曜　※悪天候の場合は臨時休業あり
アクセス：路面電車「高知橋」電停より徒歩2分
http://mfc-group.jp/yasube/　【p.252】

⑥③アンパンマン弁当（地図外）
JR「高松」駅、JR「徳島」駅、JR「高知」駅売店にて販売
製造元：高松駅弁〈TEL：087（851）7711〉
※予約をおすすめします　http://www.jr-eki.com/aptrain/　【p.157】

リッチモンドホテル 高知（地図Ⅴ）
〒780-0841 高知市帯屋町1-9-4
TEL：088（820）1122／FAX：088（820）1123
アクセス：JR「高知」駅より徒歩13分、または路面電車「蓮池町通」電停より徒歩4分　http://www.richmondhotel.jp/kochi/　【p.253】

〈山口県〉

⑥④いろり山賊 玖珂店（地図W）
〒742-0344 岩国市玖珂町一の滝
TEL：0827（82）3115　営業時間：9:30～翌5:00
定休日：火曜（変更あり）
アクセス：JR岩徳線「玖珂」駅より車で5分、または「欽明路」駅より徒歩10分
http://www.irori-sanzoku.co.jp/　【p.43】

⑥⑤第二スター（地図X）
〒745-0016 周南市若宮町2-6

http://www.daiwaroynet.jp/kyoto-hachi/ 【p.96】

〈大阪府〉

㊸志津可（地図T）
〒541-0045 大阪市中央区道修町1-7-15
TEL：06（6231）8074
営業時間：11:00〜21:00　定休日：日曜・祝日
アクセス：京阪・地下鉄堺筋線「北浜」駅より徒歩5分　【p.161】

㊹自由軒 天神橋店（地図T）
〒530-0041 大阪市北区天神橋4-8-27
TEL：06（6353）0030　営業時間12:00〜翌1:00　定休日：月曜
アクセス：JR「天満」駅より徒歩1分、または地下鉄「扇町」駅より徒歩3分　※この他にも難波、天保山など大阪市内に店舗あり　【p.194】

〈高知県〉

㊺萬や（地図U）
〒789-1301 高岡郡中土佐町久礼6551-1（伊屋南）
TEL/FAX：0889（52）4203
定休日：日曜・月曜・火曜（年末は12月28日まで、年始は1月4日から営業）
営業時間：11:00〜14:00　アクセス：JR「土佐久礼」駅より徒歩8分
http://www.mantentosa.com/shop/food/mshop403/ 【p.247】

㊻風待食堂（地図V）
〒780-0842 高知市追手筋1-1-3
TEL/FAX：088（854）9313
営業時間：月〜木17:00〜翌1:00／金・土・祝前日18:00〜翌2:00
定休日：日曜（休日の場合翌月曜休）
アクセス：路面電車「蓮池町通」電停より徒歩1分
http://www.umai.ne.jp/kazemachi.html 【p.245】

㊼うな泰（地図V）
〒780-0833 高知市南はりまや町1-3-1
TEL：088（824）0991　営業時間：11:00〜22:00　定休日：木曜
アクセス：路面電車「はりまや橋」電停より徒歩1分
http://unayasu.com/ 【p.248】

㊽菊寿し本店（地図V）
〒780-0841 高知市帯屋町1-7-19
TEL：088（823）8400
営業時間：11:00〜21:30（LO21:00）　定休日：水曜（祝日の場合は営業）
アクセス：路面電車「はりまや橋」電停より徒歩2分　【p.249】

㊾ときわ（地図V）
〒780-0870 高知市本町3-4-18

本書で紹介した主な店舗・ホテルリスト

松阪シティホテル（地図Ｐ）
〒515-0084 松阪市日野町729-1
TEL：0598（23）5151　FAX：0598（23）5153
アクセス：JR・近鉄「松阪」駅より徒歩2分
http://www.greens.co.jp/mzch　【p.140】

〈京都府〉

㊼**おやじ**（地図Q）
〒605-0815 京都市東山区北御門町259
TEL：075（541）2069　営業時間：11:00〜13:15（LO）　定休日：水曜
アクセス：京阪「清水五条」駅より徒歩6分　【p.142】

㊽**五楽**（地図Ｒ）
〒601-8003 京都市南区東九条西山王町1
TEL：075（671）4049　営業時間：10:30〜20:00　定休日：日・祝
アクセス：JR「京都」駅より徒歩4分　【p.86】

㊾**麺家 京都上がも**（地図Ｒ）
〒600-8216 京都市下京区東塩小路町657 JR京都駅構内
TEL：075（344）6260　営業時間：7:00〜21:15　年中無休　【p.99】

㊿**キッチン・ゴン**（地図Ｓ）
〒602-8104 京都市上京区下立売通大宮西入浮田町613
TEL：075（801）7563　営業時間：11:00〜22:00（LO21:40）　不定休
アクセス：バス停「堀川下立売」より徒歩4分　【p.58】

51**柳園**（地図Ｓ）
〒602-0021 京都市上京区烏丸通上立売上ル柳図子町334
TEL：075（432）1896
営業時間：11:30〜13:30、17:00〜20:30　定休日：日曜・祝日
アクセス：地下鉄烏丸線「今出川」駅より徒歩3分　【p.84】

52**ひゃくてんまんてん**（地図Ｓ）
〒604-8131 京都市中京区三条高倉西入ル菱屋町 京都文化博物館南側 くらしハウス2F　TEL：075（213）2292
営業時間：月〜土11:00〜23:30／日祝11:00〜18:00　年中無休
アクセス：地下鉄烏丸線・東西線「烏丸御池」駅より徒歩4分　【p.84】

ホテル アンテルーム 京都（地図Ｒ）
〒601-8044 京都市南区東九条明田町7
TEL：075（681）5656　FAX：075（681）5655
アクセス：JR「京都」駅より徒歩15分、または地下鉄烏丸線「九条」駅より徒歩8分　http://hotel-anteroom.com/　【p.149】

ダイワロイネットホテル 京都八条口（地図Ｒ）
〒601-8017 京都市南区東九条北烏丸町9-2
TEL：075（693）0055／FAX：075（693）0056
アクセス：JR「京都」駅より徒歩4分

TEL：0749（23）1616
営業時間：11:00〜22:00　年中無休　アクセス：JR「彦根」駅より徒歩2分
※滋賀・京都・大阪などに多数支店あり
http://www.chanpontei.com/　【p.92】

㊷翼果楼（地図N）
〒526-0059 長浜市元浜町7-8
TEL：0749（63）3663／FAX：0749（63）4020
営業時間：11:00〜売り切れ次第終了
定休日：月曜（祝日の場合は翌日休）
アクセス：JR長浜駅より徒歩3分　http://yokarou.com/　【p.108】

㊸茂美志や（地図N）
〒526-0059 長浜市元浜町7-15
TEL：0749（62）0232　営業時間：11:00〜20:00（LO）　定休日：火曜
アクセス:JR「長浜」駅より徒歩5分　http://www.momiji-ya.jp/udon/　【p.110】

㊹茶しん（地図N）
〒526-0059 長浜市元浜町4-10
TEL：0749（62）0414
営業時間：11:00〜14:00、17:00〜19:00　※しばらくの間は9:00〜19:00
／土日祝11:00〜19:00　定休日：火曜（休日の場合変更あり）
アクセス:JR「長浜」駅より徒歩3分　http://www.chashin.co.jp/　【p.113】

㊺滋味康月（地図O）
〒525-0032 草津市大路1-11-14
TEL/FAX：077（562）2238
営業時間：ランチ月木金土のみ12:00〜14:30（最終入店13:00）、ディナー全日18:00〜23:00（LO22:30）　定休日：火曜
アクセス:JR「草津」駅より徒歩3分　http://rp.gnavi.co.jp/6147255/　【p.209】

北ビワコホテルグラツィエ（地図N）
〒526-0067 長浜市港町4-17
TEL：0749（62）7777／FAX：0749（62）2553
アクセス:JR「長浜」駅より徒歩7分　http://www.k-grazie.co.jp/　【p.115】

ホテル ボストンプラザ 草津（地図O）
〒525-0037 草津市西大路町1-27
TEL：077（561）3311／FAX：077（561）3322
アクセス:JR「草津」駅より徒歩1分　http://www.hotel-bp.co.jp/　【p.217】

〈三重県〉

㊻たま樹（地図P）
〒515-0043 松阪市下村町1070-3
TEL：0598（29）5583　営業時間：11:00〜14:30、17:30〜20:30（LO）
※カレーがなくなり次第終了　定休日：火曜、第2水曜
アクセス：ＪＲ紀勢線「徳和」駅より徒歩3分　【p.133】

アクセス：JR「金沢」駅より徒歩15分
http://www.trinity-kanazawa.com/ 【p.64】

〈愛知県〉

㊱名代きしめん 住よし JR名古屋駅10・11番ホーム店（地図M）
〒450-0002 名古屋市中村区名駅1-1-4 JR名古屋駅10番ホーム上
TEL：052（586）1172 営業時間：7:00〜20:20 年中無休 【p.100】

㊲カトレヤ ユニモール店（地図M）
〒450-0002 名古屋市中村区名駅4-5-26 ユニモール地下街内
TEL：052（581）3920
営業時間：7:30〜21:00（土・日・祝8:30〜）
アクセス:JR「名古屋」駅より徒歩4分 http://cattleya-nagoya.jp/ 【p.103】

㊳スパゲッティハウス ヨコイ錦店（地図M）
〒460-0003 名古屋市中区錦3-14-25 アサヒビル1F
TEL：052（962）5855 営業時間：11:00〜15:00、17:00〜21:30／祝日は昼のみ11:00〜14:30 ※売切次第終了 定休日：日曜
アクセス：地下鉄東山線・名城線「栄駅」より徒歩3分 【p.106】

㊴名古屋めし（地図M）
JR「名古屋」駅東海道新幹線ホームなどにて販売
製造元：名古屋だるま〈代表TEL：052（452）2101〉
http://nagoyadaruma.jp/ 【p.156】

㊵たら福（地図M）
〒450-0002 名古屋市中村区名駅3-17-26
TEL：052（566）5600 営業時間：17:00〜翌1:00 定休日：月曜
アクセス：地下鉄桜通線「国際センター」駅より徒歩3分、またはJR「名古屋」駅より徒歩5分 【p.222】

名古屋マリオットアソシアホテル（地図M）
〒450-6002 名古屋市中村区名駅1-1-4
TEL：052（584）1111(代)／FAX：052（584）1112
アクセス：JR「名古屋」駅直結 http://www.associa.com/nma/ 【p.107】

ダイワロイネットホテル 名古屋新幹線口（地図M）
〒453-0015 名古屋市中村区椿町1-23
TEL：052（452）7055／FAX：052（452）7056
アクセス：JR「名古屋」駅より徒歩3分、または名鉄「名古屋」駅より徒歩13分
http://www.daiwaroynet.jp/nagoya-shinkansenguchi/ 【p.228】

〈滋賀県〉

㊶ちゃんぽん亭総本家 彦根駅前本店（地図外）
〒522-0073 彦根市旭町9-6

㉚曳馬野（地図K）
〒430-0944 浜松市中区田町322-3
TEL：053（452）3544
営業時間：11:30～14:00、17:00～20:00　定休日：水曜
アクセス:JR「浜松」駅より徒歩4分　http://www.unagiya.info/　【p.168】

オークラアクトシティホテル浜松（地図K）
〒430-7733 浜松市中区板屋町111-2
TEL：053（459）0111(代)／FAX：053（458）3374
アクセス：JR「浜松」駅東口より直結、徒歩3分
http://www.act-okura.co.jp/index.html　【p.170】

〈石川県〉

㉛グリルオーツカ（地図L）
〒920-0981 金沢市片町2-9-15
TEL：076（221）2646　営業時間：11:30～20:00（LO19:50）
定休日：水曜
アクセス：バス停「香林坊」、または「片町（ラブロ前）」より徒歩3～5分
【p.55】

㉜小松弥助（地図L）
〒920-0984 金沢市池田町二番丁21-1 アパホテル1F
TEL：076（261）6809　営業時間：11:30～と13:00～予約可能
定休日：水曜・木曜　アクセス：バス停「片町」より徒歩8分　【p.60】

㉝ラッキー（地図L）
〒920-0922 金沢市横山町1-26
TEL：076（263）5847　営業時間：11:00～14:00、17:00～21:00
定休日：水曜
アクセス：「兼六園」交差点すぐ、またはバス停「小将町」よりすぐ
【p.61】

㉞洋食屋 ニュー狸（地図L）
〒920-0942 金沢市小立野3-27-12　TEL：076（262）6658
営業時間：11:00～15:00（LO）、17:00～21:30（LO）
定休日：火曜・第3月曜
アクセス：バス停「小立野三丁目」より徒歩5分　【p.61】

㉟自由軒（地図L）
〒920-0831 金沢市東山1-6-6
TEL：076（252）1996／FAX：076（252）1966
営業時間：11:30～15:00（LO）／月～金17:00～21:30（LO）、土日祝16:30～21:30（LO）　定休日：火曜・第3月曜
アクセス:バス停「橋場町」より徒歩10分　http://www.jiyuken.com/　【p.62】

ホテルリソルトリニティ金沢（地図L）
〒920-0855 金沢市武蔵町1-18
TEL：076（221）9269／FAX：076（263）7711

TEL：0263（36）7880／FAX：0263（36）7880
営業時間：11:30〜14:00、17:00〜24:00（LO23:30）　不定休
アクセス：JR「松本」駅より徒歩1分　【p.38】

㉕桜家（地図Ｊ）
〒390-0874 松本市大手4-9-1
TEL：0263（33）2660／FAX：0263（33）6807
営業時間：11:00〜14:00、17:00〜21:00　定休日：月曜
アクセス:JR「松本」駅より徒歩10分　http://www.sakuraya.ne.jp/　【p.170】

㉖まつ嘉（地図Ｊ）
〒390-0811 松本市中央3-2-29
TEL：0263（32）0747　営業時間：11:30〜14:00頃　定休日：木曜
※2012年前半はウナギ稚魚の不漁により、不定休が多くなる見込み。
アクセス：JR「松本」駅より徒歩15分　【p.171】

㉗高橋 駅前本店（地図Ｊ）
〒390-0811 松本市中央1-2-16　TEL：0263（32）4205
営業時間：11:00〜14:00、17:00〜20:30（売切次第終了）
定休日：水曜　アクセス：JR「松本」駅より徒歩3分　【p.185】

㉘おぎのや軽井沢駅売店（地図外）
〒389-0100 北佐久郡軽井沢町1178（JR軽井沢駅内）
TEL/FAX：0267（42）8048　営業時間：8:00〜20:00　年中無休
※峠の釜めしはその他店舗でも販売あり
http://www.oginoya.co.jp/　【p.154】

リッチモンドホテル 松本（地図Ｊ）
〒390-0811 松本市中央1-10-7
TEL：0263（37）5000／FAX：0263（37）5505
アクセス：JR「松本」駅より徒歩4分
https://richmondhotel.jp/matsumoto/　【p.41】

ホテルアルモニービアン（地図Ｊ）
〒390-0874 松本市大手3-5-15
TEL：0263（35）4500　FAX：0263（35）4505
アクセス：JR「松本」駅より徒歩10分
http://www.harmoniebien.com/　【p.173】

〈静岡県〉

㉙魚魚一（地図Ｋ）
〒430-0932 浜松市中区肴町318-28 ペッシェビル3Ｆ
TEL：053（458）6343
営業時間：17:00〜23:00（LO22:00）
定休日：日曜（月曜が祝日の場合は営業）
アクセス：JR「浜松」駅より徒歩8分　【p.165】
http://totoichi.beblog.jp/

営業時間：10:30～20:00　※15:00～16:00は準備中、土曜は15:00まで
定休日：日曜・祝日
アクセス：都営地下鉄大江戸線「新御徒町」駅より徒歩1分、JR「御徒町」駅より徒歩6分など
http://members2.jcom.home.ne.jp/sakaeya-curry/　【p.193】

⑱野田岩　日本橋髙島屋店（地図H）
〒103-0027 中央区日本橋2-4-1
高島屋TEL：03（3211）4111（代）
営業時間：11:00～20:00　http://www.nodaiwa.co.jp/　【p.160】

⑲常盤軒（地図Ｉ）
〒108-0074 港区高輪 JR品川駅構内
営業時間：10:00頃～21:00頃　年中無休
http://www.tokiwaken.co.jp/tenpo2_02.html　【p.178】

⑳牛肉弁当（地図H）
JR東京駅構内「グランスタ」などで販売
販売元：浅草今半　グランスタ店TEL：03（3211）2629
www.asakusaimahan.co.jp/　【p.156】

㉑横濱チャーハン（地図外）
首都圏の主要な駅にて販売あり
販売元：崎陽軒
お客様相談室TEL：0120（882）380　http://www.kiyoken.com/　【p.154】

京急EXイン品川駅前（地図Ｉ）
〒108-0074 港区高輪3-13-3
TEL：03（6743）3910／FAX：03（5798）0320
アクセス：JR・京急「品川」駅より徒歩3分
http://www.shinagawa.keikyu-exinn.co.jp/index.php　【p.181】

〈長野県〉

㉒しづか（地図Ｊ）
〒390-0874 松本市大手1-10-8
0120（11）8073／TEL：0263（32）0547／FAX：0263（39）1234
営業時間：12:00～23:00（うちランチタイム12:00～14:00）
定休日：日曜・祝日（振替休業・営業日あり）
アクセス：JR松本駅より徒歩15分　http://www.shiduka.co.jp/　【p.32】

㉓萬来（地図Ｊ）
〒390-0811 松本市中央1-4-4
TEL：0263（33）3155　営業時間：15:00～0:00　定休日：火曜
※2012年3月10日頃まで改装中
アクセス：JR「松本」駅より徒歩3分　【p.33】

㉔蕎麦居酒屋 蔵のむこう（地図Ｊ）
〒390-0811 松本市中央1-2-21

本書で紹介した主な店舗・ホテルリスト

〈青森県〉

⑬あいや（地図Ｅ）
〒036-8186 弘前市富田2-7-3
TEL：0172（32）1529／FAX：0172（32）3677
営業時間：17:00～23:00（LO22:30） 不定休
アクセス：JR奥羽本線「弘前」駅より徒歩15分
http://www.shibutanikazuo.com/contents/aiya.html 【p.254】

⑭三忠食堂 本店（地図Ｅ）
〒036-8021 弘前市和徳町164
TEL：0172（32）0831 営業時間：11:00～20:00（LO19:30）
定休日：日曜 アクセス：JR奥羽本線「弘前」駅より徒歩15分
http://www.komakino.jp/santyu/ 【p.255】

ベストウェスタンホテルニューシティ弘前（地図Ｅ）
〒036-8004 弘前市大町1-1-2
TEL：0172（37）0700／FAX：0172（37）1229
アクセス：JR「弘前」駅より徒歩1分
http://www.bestwestern.co.jp/hirosaki/ 【p.258】

〈岩手県〉

⑮ヌッフ・デュ・パプ（地図Ｆ）
〒020-0022 盛岡市大通2-4-22 サンライズタウン4F
TEL：019（651）5050
営業時間：月～土17:30～翌1:00（LO24:00）／日祝17:00～24:00（LO23:00）
定休日：なし アクセス：JR「盛岡」駅より徒歩15分
http://www.neufdupape.com/ 【p.259】

⑯Hot JaJa（地図Ｆ）
〒020-0034 盛岡市盛岡駅前通9-5 佐川ビル1F
TEL：019（606）1068／FAX：019（606）1065
営業時間：10:00～24:00 定休日：なし
アクセス：JR「盛岡」駅より徒歩5分
http://www.pyonpyonsya.co.jp/hot_jaja.html 【p.264】

ホテル東日本盛岡（地図Ｆ）
〒020-0022 盛岡市大通り3-3-18
TEL：019（625）2131／FAX：019（626）9092
アクセス：JR「盛岡」駅より徒歩5分
http://www.hotel-higashinihon-morioka.com/ 【p.266】

〈東京都〉

⑰サカエヤ（地図Ｇ）
〒110-0015 台東区東上野1-6-3
TEL：03（3831）6428

TEL：0134（33）1212／予約専用0120（01）4828
営業時間：11:00〜20:30（LO）　※16:00〜16:30は休憩
定休日：火曜（祝日の場合は翌日休）
アクセス：JR函館本線「小樽」駅より徒歩5分
http://www.yabuhan.co.jp/ 【p.67】

⑧北一ホール（北一硝子三号館内）（地図C）
〒047-0027 小樽市堺町7-26
TEL：0134（33）1993　営業時間：8:45〜18:00（LO17:30）
※毎日8:45〜9:20には、ランプの点灯作業あり　年中無休
アクセス：JR函館本線「南小樽」駅より徒歩10分 【p.71】
http://www.kitaichiglass.co.jp/

⑨麺厨房あじさい 紅店（地図D）
〒040-0065 函館市豊川町12-7 函館ベイ美食倶楽部
TEL/FAX：0138（26）1122
営業時間：11:00〜22:00（LO）　定休日：第3木曜
アクセス：函館市電「魚市場通」電停より徒歩4分
http://www.ajisai.tv/ 【p.117】

⑩五島軒 本店（地図D）
〒040-0053 函館市末広町4-5
TEL：0138（23）1106／FAX：0138（27）5110
営業時間：11:30〜21:00　年中無休
アクセス：JR「函館」駅より徒歩15分、または函館市電「十字街」電停より徒歩5分　http://www.gotoken.hakodate.jp/ 【p.197】

⑪元祖インドカレー 小いけ（地図D）
〒040-0043 函館市宝来町22-4　TEL/FAX：0138（23）2034
営業時間：11:00〜20:00　年中無休（1/1〜1/3を除く）
アクセス：函館市電「宝来町」電停より徒歩1分
http://www.koike-curry.com/ 【p.200】

⑫印度カレー小いけ 本店（地図D）
〒040-0043 函館市宝来町22-5
TEL/FAX：0138（22）5100　営業時間：11:00〜15:00／17:00〜20:30（LO）
定休日：水曜　アクセス：函館市電「宝来町」電停より徒歩1分
http://www.koike-curry.com/ 【p.200】

ホテルグレイスリー札幌（地図B）
〒060-0004 札幌市中央区北四条西4-1 読売新聞北海道ビル（フロント7F）
TEL：011（251）3211／FAX：011（241）8238
アクセス：JR「札幌」駅地下コンコースより直結
http://gracery-sapporo.com/ 【p.77】

ロワジールホテル 函館（地図D）
〒040-0063 函館市若松町14-10
TEL：0138（22）0111／FAX：0138（23）0154
アクセス：JR「函館」駅より徒歩1分
http://www.solarehotels.com/loisir/hotel-hakodate/ 【p.204】

本書で紹介した主な店舗・ホテルリスト（都道府県別）

※掲載しているお店の営業時間等の情報は変動する可能性があります。お出かけ前にお問い合わせいただくことをおすすめします。
※【　】内のページ数は、本文中掲載ページです。
※地図はp.272〜p.286に掲載していますので、参照ください。リストの番号は、地図中の番号にも連動しています。

〈北海道〉

①松尾ジンギスカン　新千歳空港店（地図外）
〒066-0012 千歳市美々 新千歳空港旅客ターミナルビル3F
TEL：0123（46）5829／FAX：0123（46）5839
営業時間：10:00〜21:00（LO20:30）　年中無休
http://www.matsujin.net/mj_citose/citose.html　【p.5】

②ニューモンブラン（地図A）
〒087-0027 根室市光和町1-1
TEL：0153（24）3301　営業時間：9:00〜20:00　不定休（月3回あり）
アクセス：JR「根室」駅より徒歩3分　【p.59】

③うな清（地図Ｂ）
〒064-0914 札幌市中央区南十四条西8-2-10
TEL：011（531）1366
営業時間：11:30〜14:00／17:00〜22:00　定休日：木曜
アクセス：地下鉄南北線「幌平橋」駅より徒歩9分、または路面電車「行啓通」電停より徒歩3分　【p.74】

④マタレー（地図Ｂ）
〒064-0801 札幌市中央区南一条西23-1-8　TEL：011（641）8844
営業時間:11:30〜15:00、17:00〜21:30（LO）／土日祝11:30〜21:30（LO）
定休日：2012年3月から木曜休（それまでは無休）
アクセス：地下鉄東西線「円山公園」駅より徒歩5分　【p.90】

⑤ハラガヘッタラ 永坊（地図Ｂ）
〒064-0802 札幌市中央区南二条西24-2-1 裏参道24・1F
TEL：011（611）2002　営業時間：11:00〜21:00
※スープがなくなり次第終了　定休日：木曜
アクセス：地下鉄東西線「円山公園」駅より徒歩2分　【p.116】

⑥けやき　すすきの本店（地図Ｂ）
〒064-0806 札幌市中央区南六条西3 睦ビル1F
TEL：011（552）4601
営業時間：10:30〜翌4:00／日祝10:30〜翌3:00　年中無休
アクセス：地下鉄南北線「すすきの」駅あるいは東豊線「豊水すすきの」駅より徒歩5分　http://www.sapporo-keyaki.jp/　【p.117】

⑦小樽・蕎麦屋・籔半（地図Ｃ）
〒047-0032 小樽市稲穂2-19-14 静屋通り

柏井壽（かしわいひさし）
1952年京都府生まれ。'76年大阪歯科大学卒業後、京都市北区に歯科医院を開業。生粋の京都人であることから京都関連の、さらには生来の旅好きから、旅紀行のエッセイを執筆。BS FUJI『絶景・旅の時間』「絶景温泉」シリーズの監修・案内役も担当する。著書に『京料理の迷宮』『ふらり 京都の春』『京都 夏の極めつき』『おひとり京都の秋』『京都 冬のぬくもり』（以上、光文社新書）、『京都 至福のひと皿』（JTBパブリッシング）などがある。柏木圭一郎名義で「建築学者・京極要平の事件簿」「名探偵・星井裕の事件簿」シリーズを執筆。最新刊に『京都西陣 能舞台の殺人』（小学館文庫）、『京都大原 名旅館の殺人』（講談社文庫）。

極《きわ》みのローカルグルメ旅《たび》

2012年2月20日初版1刷発行

著　者 — 柏井壽
発行者 — 丸山弘順
装　幀 — アラン・チャン
印刷所 — 萩原印刷
製本所 — 関川製本
発行所 — 株式会社光文社
東京都文京区音羽1-16-6(〒112-8011)
http://www.kobunsha.com/
電　話 — 編集部03(5395)8289　書籍販売部03(5395)8113
業務部03(5395)8125
メール — sinsyo@kobunsha.com

 ISBN 978-4-334-03671-3

564
宇宙に外側はあるか
松原隆彦

この宇宙は奇妙な謎に満ち溢れている。いま、宇宙の何がわかっているのか？　宇宙の全体像とは？　宇宙の「外側」とは？　現代宇宙論のフロンティアへと旅立つ一冊。

978-4-334-03667-6

565
政治家・官僚の名門高校人脈
横田由美子

国会で丁々発止を繰り広げる議員どうしが、実は高校の同級生だったりする。議員や官僚の出身高校に着目すれば、日本のエスタブリッシュメントたちのネットワークが見えてくる。

978-4-334-03668-3

566
絶望しそうになったら道元を読め！
『正法眼蔵』の「現成公案」だけを熟読する
山田史生

わずか2500字に込められた、日本仏教思想史の最高峰・道元の禅思想のエッセンス。修行に、人生にくじけそうな者に、どんなメッセージを投げかけているのか。1冊かけて読む。

978-4-334-03669-0

567
おひとり温泉の愉しみ
山崎まゆみ

ハードルが高いと思われがちな「おひとり温泉」の極意を伝授。「ひとりで食事をするのは……」「時間を持て余しそう」——小さなものから大きなものまで、疑問に答えます。

978-4-334-03670-6

568
極みのローカルグルメ旅
柏井壽

麺、ご飯もの、居酒屋巡り。全国を食べ歩いた著者が、世にも不思議なご当地限定グルメから、しみじみ美味い絶品料理まで明かす。「日本には、こんなに美味いものがあったんだ」

978-4-334-03671-3